U0120107

華志文化

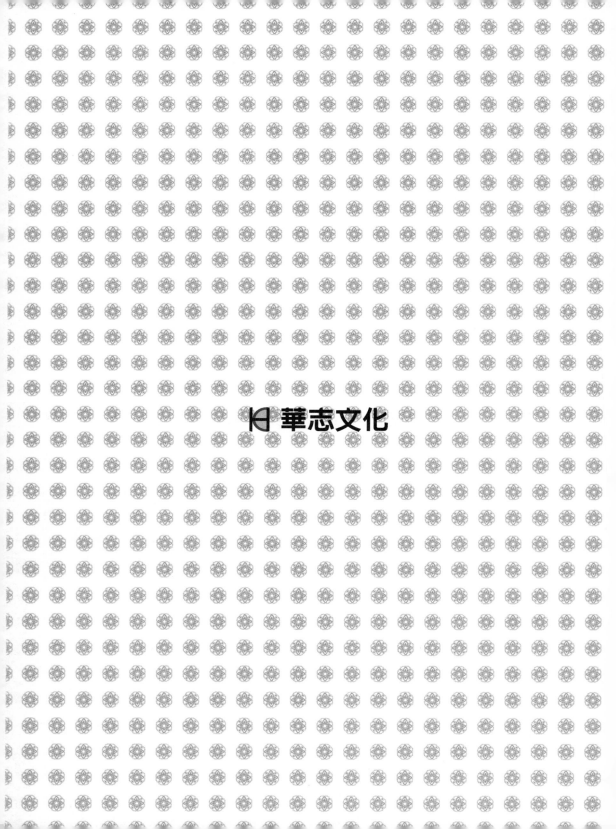

華志文化

在業務員前仆後繼愈挫愈勇的奮鬥過程中，讓人看到不可思議，又不時令人感動落淚。真心希望在你閱讀本書的同時，除學習的功能外，能夠多帶給您一份心靈上的饗宴。

　　個人始終認為只要一日身為業務員，面對自己長期的事業發展，「陌生開發」的訓練是非常需要且重要的。很可惜坊間談論此一主題的書籍並不多，要能進一步深度說明「陌生開發」的訓練方法，更是付之闕如，真希望此書的問市能夠帶給您意想不到的效果。喬治‧布恩罕說：「我做不到，永遠做不到任何事；我試試看，則會創造奇蹟。」「陌生開發」是一條辛苦的通路，跑D.S.需要一股堅強的毅力。然而拜訪過程中，它卻是最能擁有苦中作樂、淚中帶笑的心情感受，也能獲得別人高度的尊敬。

　　如果你想肯定自己，它就是鍛鍊自己最好的方法，基本功的訓練，讓你膽識過人，更能為你的業績加分。證嚴法師說：「只要找到路，就不怕路遠。」我把上人的話延伸一下：「只要找到通路，就不要怕路辛苦。」

〔註〕：陌生開發簡稱D.S.（Direct Sale）

Contents 目 錄

自己時間的浪費，也增加不必要的挫折感；第二個錯誤是死守A咖及B咖，準客戶的狀況是隨著時間在改變的，初見面感覺還不錯，但下次見面時，好像又回到兩個不認識的人，真是意外中還會跌倒，就如同寒流來襲，冷的叫人全身發抖，如此的情形在D.S.是屢見不鮮的，唯一的方法就是不斷透過「初訪」再增加A級及B級的準客戶，對原有的A級及B級準客戶，也應有適當的調整與過濾，如此才能長時間保有名單的「質」與「量」。

那A級及B級的準客戶又如何定義呢？先談談A級準客戶的標準，有以下四點：

1. 剛開始的接觸，對方的態度是親切和善的，並沒有拒人於千里之外。
2. 在與對方對話的過程中，對方是有回應的，而且主動會提出一些問題，這些問題無論是正面或負面，都是好的現象，代表對方已經在接受我們，也就是說初步的信任度是有的。
3. 進一步要求複訪，對方是允諾的，而且見面時間是明確的。
4. 以成交時間來衡量，如果一切順利，在一個月內成交的機率很高。

以下我們來看一段對話，大家就會更清楚什麼是A級的準客戶：

萵：陳小姐，針對剛才D.M.上所提的內容，還有什麼地方是我解釋不清楚或是妳聽不明白的地方？

陳：葛先生你說明的很詳細，不過我有一個問題想問：剛才
　　聽你說明「投資型保單」的種種好處，我可以認同，但
　　為什麼過去幾年賠的人一大堆？不好意思，也包括我自
　　己在內。

葛：陳小姐你的問題很好，同時也有許多人想知道原因是什
　　麼？我個人倒是認為跟我們投資的「時機」有關，以股
　　票市場為例，要想獲利，兩句話而已，「逢低買進，逢
　　高賣出」，道理大家都知道，但往往的結果卻是「追高
　　殺低」，慘不忍睹。陳小姐我看這樣，針對你的問題，
　　剛好我辦公室有一份資料可提供參考，我也會幫妳規劃
　　一份屬於妳的「投資建議書」，不過話講在前頭，要不
　　要投資看個人意願，不強求，明天下午這個時間，如果
　　可以，我會帶資料過來。

陳：可以啊！我倒想看一看，但你不要緊迫釘人喲！

葛：這你放心，那我們明天見！

接下來我們再看看B級的準客戶的標準，一樣有四點，在這個
地方很容易與C級準客戶搞混，所以大家一定要能多體會：

第一、同樣地，剛開始的接觸，對方的態度是親切和善的，
並沒有拒人於千里之外，只是眼神中有一點小憂慮，淺笑中帶點
小緊張。

第二、在與對方對話的過程中，對方少有回應，話也不多，
這時你開始懂得什麼叫做「沉默是金」。其實，這是我們拜訪中
常碰到的現象，對方只是透過這個方法在抗拒你，因為他怕他話
講多了，你會把「要保書」拿出來給他簽；他更怕他話講多了，
你會帶他到銀行領錢。但是有一點是他成為B級準客戶的關鍵，也

就是你在對他說話的時候,他並沒有東張西望,他的眼睛是看著你或是注視著D.M.,甚至有時候他也會不經意的點點頭,這些其實都代表他內心對你的一種肯定與信任。

第三、如想進一步要求複訪時,對方又是沉默不語,不置可否的樣子,但口語上並沒有拒絕,我們就當作不說話就是默許的意思,雖然不一定有約定明確複訪的時間,但原則上三天之內我們可主動再拜訪。

第四、以成交時間來衡量,通常要三個月到半年的時間。

同樣地,我們也來看另一段對話,對B級準客戶的判定就會更清楚:

萵:陳小姐,針對剛才D.M.上所提的內容,還有什麼地方是我解釋不清楚、或是妳聽不明白的地方?

陳:沒有。

萵:陳小姐,如果沒有,可能代表它是一份你還可以接受的投資方案,不過一張D.M.對妳而言,寒酸了一點,而且還是黑白的,真的不好意思,改天我會帶一份專屬妳個人的「投資建議書」給妳,其實「投資型保單」有許多專業的部份可介紹,但我會化繁為簡,由淺入深的說明,但妳放心,說明的時間不會超過五分鐘,更重要的是,買不買、投不投資都沒關係。隔壁街有一位同妳一樣的門市小姐對此方案也有興趣,所以明天這個時間如果OK,我會先帶資料來妳這裡先說明,再去她那邊。

(她的眼睛一會兒在看著你,一會兒在看著D.M.,她不會左顧右盼,也不會引頸企盼,望著門外希望有消費者

進來，她的表情與肢體並沒有讓你感覺她渾身不自在。
重要的是，她並沒有收起D.M.的動作，反而你可以透過
她看D.M.的神情，知道她的腦海在想一些事情。當你再
注視她時，她的眼神會多一份明亮與自信。）

陳：明天你要來？（她看看手錶），我看還是我有需要再打
　　電話給你，你來我並不一定會在。

葛：沒關係，如果妳不在，我就把資料留給妳們另一位小
　　姐，麻煩她轉交給妳。

陳：隨便你

　　如果我們能認真觀察對方的神情的變化，是我們能否多一位
準客戶的重要訓練。而以上對話的示範，就是讓我們開始體會在
現場觀察的重要，準客戶的分類就比較不容易出錯，拜訪就容易
達到事半功倍的效果。

　　對D.S.我們可以有進一步的認識，在這裡我有兩點看法，透過
圖表大家可以瞭解：

對 D.S.我們可以有進一步認識

一般保單成交的五要素		D.S.保單成交的五要素	
■關係深不深	65 分	■關係深不深	15 分
■交情夠不夠	65 分	■交情夠不夠	15 分
■信任度有多少	90 分	■信任度有多少	90 分
■彼此頻率	90 分	■彼此頻率	90 分
■自己努力程度	90 分	■自己努力程度	90 分
	平均 80 分		平均 60 分

〔說明〕：

大家初看到這張圖表時可能會有幾個疑問，右邊D.S.保單成交的五要素為什麼和左邊一般保單的五要素一樣？而後面分數的差別又有什麼意義？平均分數的高低又該如何改善？我想這圖表看似問題重重，但在兩相對照的分析中，我們發覺兩種通路，可以同中有異、異中求同，其實可釐清許多觀點，當然對D.S拜訪時會有助益。

個人剛進入保險業時也是從「緣故」起家，公司的訓練很密集，先有五天的入門課程，再加上隔週五天的銜接訓練，整整十天的課程中，我開始瞭解保險的銷售步驟，從接觸→面談→說明到最後「促成」，環環相扣，缺一不可。但要促成一張保單，光是靠步驟的掌控是不夠的；如何與客戶陪暖，增進情感的互動，我認為是成交的關鍵；而這些不外在既存的關係與交情上再深化，加上因誠懇的訴求而博得客戶的信任感，當然彼此的溝通是有共識且愉快的，如果自己再勤快一些，多跑幾趟，單子就非你莫屬了。

相對地，D.S.準客戶的經營也應該是如此，五個要素不僅與一般保單相同，而且缺一不可，只是在關係與交情上，因剛開始認識的時間較短，所以分數並不高，加總之後的平均只有六十分，雖然及格，但以保單而言，離成交尚有一段距離。一張保單的成交，以五要素中的分數來計算，一定要達平均八十分以上，才算OK，但在陌生市場怎麼樣才能在短時間內由六十分到八十分？有兩個方法值得大家參考：

🕐 一：建立「同情心」。

老實講，我們進入一家店，與對方一點關係也沒有，如果用「情」來解釋，說人情沒人情，說交情也沒交情，更遑論有感情、友情、親情，開玩笑地說，連地上情、地下情、一夜情都不會有，在現場我們能做的，就是博得對方的「同情」。「同情」非憐憫，跑D.S.雖然身段要軟，但訴求正大光明，不需要對方可憐我們；這裡的「同情」，指的是「同理心的情感」，也就是說以「同理心」為原則，引導互動，如果我們在店內碰到的是A級的準客戶，「同理心」代表的是將心比心，站在對方的立場，傾聽對方的聲音，因為A級的準客戶會主動問一些問題，站在旁邊靜靜的聽他說完是上上之策，然後才能對症下藥，一舉成功。

如果判定是B級的準客戶，「同理心」代表的是創造「共同的話題」，拉近彼此的距離，大部份B級的準客戶，在互動中較少講話，而我們「詢問」的功夫就要拿出來，譬如談對方的興趣、嗜好、專長、成長的背景、求學的過程、當兵的趣事、當媽媽的甘苦、做老爸的付出、做子女的無奈、中年的危機、社會的現象、開店的心得、生意的狀況，最重要的就是要知道對方個人或家庭保單的狀況，談的愈久，知道的會愈多，由六十分到八十分就不難辦到。這時有夥伴會問我：「老師，在現場很緊張ㄟ！腦袋裡已經一片空白，你講的那些話題，我全忘了，怎麼辦？」這個時候你只要記得六個字：「肯定」、「欣賞」、「讚美」，運用這六個字，一樣可以達到八十分。

二：它是一個發生在我B級的準客戶身上的一段真實的故事。

這個故事從發生到結束給我很大的啟發，當然我也參與其中。這位準客戶是一家手機店的門市小姐，個性活潑外向，但有時候情緒起伏比較大，對我之前介紹的投資方案很有興趣，但遲遲未能決定。有一天突然主動打了一通電話給我，知道是她的來電，我的心頭可高興了，心想煮熟的鴨子不會再飛了，但在接電話的時候，我心頭一涼，她的聲音中語帶哽咽：「葛大哥，這件事的發生我真的不知道該怎麼辦，我不敢讓我家人知道，也不好意思告訴我的朋友，如果這事一直擺在我的心底不講，我精神會受不了，左思又想，只有你跟我有點熟又不太熟，你願意聽我說嗎？」

雖然她把我當作半生不熟的牛排，不過倒真想知道發生了什麼大事：「妳慢慢說，不要難過！」「葛大哥，我有一位青梅竹馬的男朋友，都認識快二十年了，他是我的第一位男朋友，也是我的初戀情人，前天他跟我分手了！嗚……，嗚……」聽到電話裡的持續不斷的哭聲，我想這可是女孩子的大事。

隔天我帶了一盒糖果到她的店去看看她，她看到我來好高興，跟我說：「事情能說出來，心情好多了。」一星期後她又打了一通電話給我，但感覺得出來，她全身充滿喜悅：「葛大哥這件事情的發生真不知如何說起，要不是你，我真的不敢跟旁人開口。」「那我的面子可真大！」「葛大哥，我的同事前兩天介紹了一位還不錯的男孩子讓我認識，我覺得他對我很好，比前一任強多了，我感覺很幸福，他應該會是我的真命天子，」「那要恭喜妳了。」

　　第二天我帶了一條長型蛋糕，又到她店裡去看她，慶祝她感情的重生。但天真有不測風雲，一波未平一波又起，不到兩星期她的電話又來了，但這回沒有笑聲，也沒有哭聲，只聽她用憤怒的聲音對我說：「葛大哥，你知道嗎！我的第二任男朋友居然在外面偷吃又劈腿，就這麼巧被我撞見，真不要臉！還好我什麼都沒給他⋯⋯」只聽到她的罵聲不斷，聲聲不絕於耳。同樣地，第二天我帶幾罐汽水又去看她，她看我帶汽水來，噗的一聲笑了出來，直說汽水來的正是時候，好讓她的高跟鞋在地上用力踏一踏，消消心頭的悶氣。

　　說真的，她的感情世界算坎坷的，但事情總會有轉機，好運也會上身，一個月後，手機響了，知道是她的來電，電話裡聽不到她呼吸的急促聲，好像一切都已塵埃落定：「葛大哥，我已經跟他談判好了。」「是誰啊？」「就是我那位青梅竹馬的第一任男朋友，在他周遊列國後，現在又重新回到我祖國的懷抱，但我們彼此約法三章，歹話說前頭，這樣感情路才走的久。不過，真要謝謝葛大哥多日來的關懷，我們今晚想邀請你一塊唱KTV，葛大哥一定要過來呦！」「一定！一定！」那天晚上我帶了一瓶紅酒，去慶祝他們重修舊好，但最意外的是，我還簽了兩張保單。

　　這個故事我感觸很深，心想如果我們能夠隨時掌握客戶情緒的低點與高潮，加以適當的關懷，讓彼此的「關係」與「交情」能迅速增溫，保單應該不難賣，回想四次的見面，就算一次加五分，四次二十分，六十分也進步到八十分了，而且還一箭雙鵰，這不也是D.S拜訪的一種成就感嗎！所以D.S.的作業方式，其實也就是緣故的作業方式。只是我們透過方法，讓時間能更緊湊一點，讓成交能夠更快一點。所以把D.S.緣故化是陌生拜訪成功的重要因素之一。

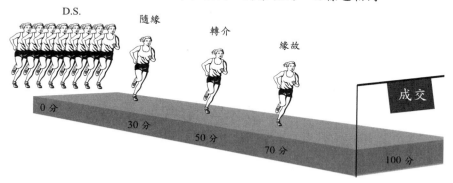

對 D.S.我們可以有進一步認識

D.S.和其他銷售通路所不同的只是起跑點不同
而已,但路徑相同,對象相同,目標也相同。

〔說明〕:

各種業務通路的進行就如同百米競技一般,因為每種通路會有不同的基礎,而立足點也並非站在同一起跑點上,但每個人都希望能在最短的時間內,達到目標。而D.S.和其他銷售通路所不同的就只是起跑點不同而已,但路徑相同,對象相同,目標也相同。

「隨緣」就有三十分的基礎,好比我們在家具店買了一套新沙發,家具店就跟我們有了消費或交易上的關係,也因此成為我們的準客戶,如果公司有新的商品問市,倒是可以介紹給老闆,這就是典型的「隨緣市場」,也就是透過我們日常生活的各種行為或在不同場合透過接觸的機會,認識更多的準客戶。

「轉介紹」是目前許多通訊單位一直很鼓勵夥伴做的,透過客戶的推薦,名單會源源不絕,如果能多建立幾個「客源中心」,再透過點、線、面的發展,業務的量很快就會出來,其效

果是倍增的，所以從五十分起跑，多一倍就一百分了。但在保險業成交率最高的還是「緣故市場」，因為彼此有直接的關係在，所以成交率會高達七、八成，是目前最普遍使用的業務通路，所以它從七十分起跑，只要跑三十分就成功了。

而D.S.呢？它必須從「零」開始起跑，因為剛開始彼此是沒有關係的，但在運作的過程中，個人發現，它居然包含圖中的三種通路的全部經營過程，甚至涵蓋其他通路。怎麼說呢？D.S.拜訪的過程中我們會發覺，屬於B級的準客戶，關係就像我們的「隨緣」客戶，有點熟又不是太熟，關係尚在培養中，但頻率是相通的。而D.S.的A級準客戶，互動就像「轉介紹」來的準客戶一樣，有話可聊，有事可講，對方對自己已經有一定的信任程度，如果能多見幾次面，單子應該是水到渠成。

而我們「緣故」的客戶，就像是D.S.拜訪中，中了賓果一般，叫「超A級的準客戶」，彼此有一見如故的感覺，運氣好，都有可能現場成交，就像「緣故」客戶般，一、兩次的約會就搞定了。所以可以這麼解釋，跑D.S.，就是透過大量的拜訪，不斷地在累積及增加各種通路的名單，使之不虞匱乏，卻達一勞永逸之效。所以百米競技中它雖然會跑的遠一點，但因為我們有源源不絕的作戰部隊，前仆後繼地投入戰場，雖然有些很快會陣亡，但有些已跑到三十分、五十分、七十分，甚至一馬當先，拔得頭籌，率先抵達終點。D.S.驚人的效果，也展露無遺。

前奧運撐竿跳冠軍巴伯‧理查被詢及獲勝的原因時，說他在撐竿跳這項運動上下不止一萬次的功夫。他說一個人只要花一萬次去做一件事，那就沒有任何事是做不成的。我想任何事都是一樣，辛勤播種，必能歡喜收割；只要持之以

恆，終能撥雲見日。

第二章｜六「要」原則

跑D.S.其實是一種意志力的作戰，而我們也常聽別人說：「這次的競賽夠能成功，完全是靠我的意志力撐過來的。」貫徹意志力，也就能在D.S.的作戰場上屢敗屢戰，愈戰愈勇。心理學家把意志力稱為：「超常的心理素質。」

我看過一篇有關心理學的報導：「意志力是人們自覺地確定目標，有意識地支配和調節自己的行動，克服種種困難以實現預定目標的心理過程，而其力量的體現在於『鬥志』、『剛性』和『韌性』上……」其實，也就類似是我們說的「剛柔並濟」，而在D.S.運用上，又如何展現意志力的鬥志、剛性和韌性呢？

我認為有六個原則值得夥伴們奉為信條，擺在公事包中，我稱為六「要」原則：

一：你要樂在其中

工作快樂是非常重要的。跑D.S.也應該是如此，但許多夥伴只要想到今天又要出去做拜訪，頭皮已在發麻，心情開始緊張起來，廁所都去了好幾次，看到他們這樣的精神狀態，我常想：「事情真的有這麼嚴重嗎？」所以我會問夥伴一個問題：「當你拜訪一家店出來之後，你身體會不會少一塊肉？」夥伴們都搖搖頭，那就對了嘛！既然不會少塊肉，也就沒損失可言，我們何不大大方方的走進去，不行再出來就好了，就當作一切都沒發生

過。所以與其愁眉不展，不如樂在其中。我記得早期單位中有一位夥伴，只要跑D.S.，出發前他就會講一句鼓勵自己的話：「出發囉！我又要出去賺錢了！加油！加油！加油！」心念一轉，想法一改，力量也就出來了。

七年前有天下午我正在做產險拜訪，走沒幾步路，就發現後面有人跟蹤我，回頭輕輕一瞄，好像是一位小姐在跟蹤我，心想不對，跑D.S.多年來，只要穿西裝打領帶手提公事包，絕對沒有人會跟蹤我的。但今天不同，是好運嗎？再回頭看個仔細，果然是一位年輕漂亮的小姐在跟蹤我，只是看完後嘆了一口氣，這位年輕漂亮的小姐穿著一身長僧袍，斜肩背著一個大布袋，手上托著缽，頭髮比我還短，原來是一位尼姑。但我還是覺得奇怪，她跟著我要幹嗎？想不了這麼多，也管不了這麼多，繼續開始我的拜訪。

就從路的左邊開始吧！第一家店拜訪出來後，走在騎樓，我發覺那位尼姑好像在我後頭，而且接下來的幾家都是如此，她好像在外面看我在店內做什麼，我想，如果我這家店拜訪的時間久一點，那她不是要在外面看很久或等很久嗎？但後來的發展，並非我想像的一直是這樣，當我繼續拜訪的時候，我發覺她已經開始走在我前面拜訪了，而且我覺得她的腳步愈來愈輕快。

現在大家可不可以想像一個畫面，一個業務員提著包，一個尼姑托著缽，兩人交錯走在宜安路的左邊，一會兒我在前面，一會兒她又超過我，兩人忽前忽後穿梭在各商店間，但我後來發覺只要我先進去的店，她再進去後出來，總是滿面春風，笑起來像是夏天的蓮花一般燦爛，她的成績應該不錯。

但反過來，只要她先進去的店，我再進去拜訪就發覺店內的氣氛好像不對，看著老闆或門市，他們的眼神好像在告訴我說：

場站不下去，有一直想向後轉的焦慮與衝動；「毅力」則是一種企圖心，表現在成交關鍵階段的一種堅持。

看看日本，我們會更清楚，日本之所以成為國際間的經濟強權，我覺得是他們企業家的心理素質強，無論在談判桌上或是商品的交易上，我們很容易看到一個團隊，不斷地在根據當時的狀況做研判，但他們不躁進，不表態，但又讓人感覺他們莫測高深，不知道下一招是什麼？最後永遠以以逸待勞的姿態，獲得最後的勝利。這中間的關鍵就在與敵人作戰時所擁有的「心理素質」，誰的心理素質強，誰就會是贏家。

而D.S.的「心理素質」的培養，除了我們拜訪經驗的累積外，我認為「核心價值」的建立很重要，有人說現在的社會失去了一些好的核心價值，所以社會亂事、怪事層出不窮，如果大家能通力合作，重塑核心價值，社會就會淨化許多。企業的經營也是如此，無論願景的提供、理念的建立或公司文化的形成都是核心價值的一部份，該核心價值甚至成為企業形象的一部份。而我們D.S.的作業，能擁有不斷走下去的力量，也是因為有核心價值，這個核心的價值我叫《六「ㄅㄨㄟ」原則》：

不─「不放棄，成交從挫折開始。」

布─「辛勤付出，流下汗水，布巾擦汗」。

　　「擦去心中疑慮，展現信心。」

步─「Keep Walking 一步一步向前行。」

　　「一步一腳印的基本功的訓練。」

佈─「發揮佈道精神，宣導保險功能。」

　　「掌握市場，佈局為先，按計劃進行。」

部─「發揮部隊團隊合作的精神。」

「強調部隊紀律，嚴以律己，貫徹執行力。」

簿—「記錄行程，掌握客戶進度，檢討改進。」

「製作各項演練資料，增加學習效果。」

透過六「ㄅㄨˋ」核心信念的建立，我們會有一個中心思想，當我們身處逆境時，只要我們想到這六個字所代表的意義時，就會讓我們的心情安定下來，找到方法，尋求突破。譬如說，拜訪中遇到挫折可是家常便飯，但我們只要想到：

第一個「不」字有提到，成交從挫折開始，我們的心情就會平穩下來，放寬心胸。這六個字的解釋，大家應可一目了然，更希望大家能長存我心，當我們在店內攻防時，它會是讓我們立於不敗之地的精神堡壘，也是讓我們號角再度響起的力量。

其中有三個「ㄅㄨˋ」字，我個人還有一些觀點，特別值得一提。第四個「佈」字的第二小點，「掌握市場，佈局為先，按計劃進行」，這理強調前置作業的重要性，許多夥伴常常在D.S.一知半解的時後，就衝出門了，但結果往往是傷痕累累，鎩羽而歸。其次，第五個「部」字的第二小點，強調部隊紀律，嚴以律己，貫徹執行力；這一點非常重，許多夥伴會問我：「葛老師，你可不可以用一句話來形容跑D.S.怎樣才會成功。」

我說：「D.S.要成功不需要一句話，只要做到兩個字即可，那兩個字就叫『紀律』。」所以D.S.自我的要求很重要，許多夥伴也因為不能自律而失敗了。

最後，我們再看第六個「簿」字，這裡所指不只是一些紀錄或資料的整理，還包含「破紀錄」的意義在裡面，要知道成功的人一定與紀錄為伍，也以打破紀錄為樂，無論在運動場上或其他的競技中，更好的紀錄永遠是他們追逐的理想，而擁有紀錄者想

要再超越自己，刷新紀錄，他們都在追尋那一份別人體會不到的成就感。

在保險業我們也看到許多成功的夥伴，常是單位或公司紀錄的保持者，更是新業績紀錄的追逐者，他們透過紀錄寫歷史，豐富了自己的事業。而跑D.S.的夥伴更應是紀錄的玩家，無論是當日或每月的拜訪量、每季的成交人數、蒐集名片的數量、跑過的商圈數、走過的馬路數、甚至店訪見過多少人，都可以是你在乎的紀錄，也因為你在乎，所以就會是力量的來源，前進的動力，因為人都喜歡向未知挑戰。

記得我自己有一個時期很瘋一項紀錄，為了能破那項紀錄，每天走的馬不停蹄，汗流浹背的，就是希望能打破自己每天拜訪的「步數」。起因是客戶送我一個計步器，我覺得很好玩，以後出去拜訪時我就別在腰帶上，每天走下來就很想知道走了多少步，我們常說一步一腳印，真希望自己能多留一些腳印，好不容易三個小時過去了，最興奮的事不是拜訪了多少家，也不是認識了多少A、B級的準客戶，就算有Case成交也不重要了，小心翼翼的回到辦公室，像小孩子拆禮物的心情一般，望著計步器上的數字7,245步，還不錯，不過沒有破紀錄，明天可要再加油！就像我在第一項所提，D.S.是可以樂在其中的，套一句我兒子常講的一句話：「好玩唄！」

三：你要能夠貫徹目標

有句話說：「你的目標應該在伸手可及的範圍之外，卻必須在視界可及的範圍之內。」它說明目標的達成應符合實際且可行的，也要有一個可衡量的範圍，更要富有挑戰性；不需要我們好

高騖遠，也不是垂手可得般的容易達成。對於D.S.而言，目標的設定就更重要了，因為沒有了目標，你會不知所措，行動力也變差了。關於D.S.的目標設定有四個重點：

1. 設定每日拜訪家數
2. 每週固定拜訪的天數
3. 設定每月增加準客戶的人數
4. 設定每季成交的家數（人數）

尤其是第四項特別重要，許多夥伴總是刻意忽略它的重要性，也不願面對實際要有的數字，怕數字出來後會給自己很大的壓力，所以能閃則閃，眼不見為淨；如果是這樣，那不就連跑D.S.的意義都沒有了，不過有夥伴會說：「D.S.不就是訓練我們的膽識而已，膽識能增加也是不錯的收穫。」我說：「D.S.不只是訓練我們的膽識，同時也是F.Y.P的訓練，成交保單是最重要的。要訓練膽識方法很多，農曆七月的夜裡就不錯，效果會更好。所以拜訪要能賺到「錢」是首要的功能，其他不過是次要的功能；要能賺到錢，就必須設定你成交的家數，那怕只是一家都很好，因為你會感受到成交的滋味，也強化拜訪的持續力。」

有夥伴會問我一個問題：「老師，我自己設定每個星期五下午跑D.S.，但下個星期五是中秋節放假一天，我該怎麼處理？」我問：「這不難啊！妳自己覺得該如何處理？」她說：「為了能維持應有的拜訪量，那我隔週一再去做拜訪。」我看看她說：「除此之外，還有其他方法嗎？」「老師，那我就提早一天（星期四）去做拜訪，這樣總可以了吧！」她以為她這樣的回答，我會很滿意。我說：「再想想看，還有其他方法嗎？」她一臉狐疑

說：「老師，想不出來了。」我說：「最好的方法，就是妳原來的計劃，妳只要照原計劃去做就對了。」妳現在允許自己早一天或晚一天去拜訪，以後妳就會允許自己早一星期或晚一星期去拜訪，接下來就會允許自己看外面的天氣或看自己的心情去拜訪，如此發展下去，D.S.也不用跑了，因為妳的螺絲釘已經鬆到跑出來了。」「哦！老師我懂了。」

很高興妳懂了，不過再懂一條：「這跟妳設定的目標有關，因為一切的活動計劃，都以能完成目標為前提，方法可以寫在沙灘上，目標可是要刻在鋼板上。」

四：你要不斷接受訓練

有人說：「訓練就是讓我們學會違反本性的技能，直到這些技能變成習慣，進而習慣成為自然，人其實是習慣的動物。」當一種習慣經常反覆地練習而逐漸變得容易的時候，你就會喜歡去做，而你一旦喜歡去做，你就願意經常去做，這是人的天性。當你經常去做時，因熟悉度的深化作用而能運作自如，它就會是自己永遠的東西了，也是自己事業賴以發展的基石。

D.S.的訓練就是從「無」到「生」到「熟」再到「巧」的過程，也就是從「無知無覺」→「已知已覺」→「已經學會」最後能「運用自如」的四個階段。要能完成這四個階段，我們採取「多元並進，由淺入深」的兩個方向。「多元並進」指的夥伴必須透過三種水平的訓練方式，達成訓練的目的：

1. 資料的完整與熟悉度
2. 不斷地透過自我或團隊的演練與修正

3. 市場經驗的累積與檢討

　　三種方式交錯在每日的訓練當中，功夫一定能日見精進。其中第一項、資料完整是很重要的，它包含「拜訪資料」與「訓練資料」，許多夥伴的拜訪資料算是整齊，但訓練的資料就略嫌不足，涵蓋面也不廣，不論「初訪」的演練資料或「複訪」的演練資料，還是「特定商品」的演練資料或感謝函的製作，都不夠周詳，下面是一篇「初訪」的演練資料（終身醫療篇），提供給大家當作參考：

初訪演練資料〈終身醫療篇〉

　　葛：老闆妳好！我姓葛，在××人壽服務，這是我的名片，請多指教。今天來拜訪最主要的目的是來告訴您一個企業主專屬的健康及醫療訊息，還沒請教老闆貴姓？

　　闆：我姓黃，這是我的名片，不過葛先生很抱歉，門前有貼牌子「謝絕推銷」，我想可能沒有時間跟你溝通。

　　葛：沒關係，不過我這裡有一張D.M.可以給您當作參考，這是一張專門針對事業有成的企業主提供的終身醫療計劃，一般傳統醫療險有年齡給付的限制，短的只到六十五歲，時間長一點到七十五歲，但目前男女的平均年齡都已經超過七十八歲，也就是說有很高的醫療服務機率是在七十五歲後發生。而黃老闆年輕時創業所購買的傳統醫療險正好利用這個時機做調整，整理後保費會增加一些，但醫療保障卻可得到終身照顧，我這樣解釋黃老闆能夠瞭解嗎？

　　闆：葛先生，我現在真的沒有時間跟你討論，我還有其他事

錢，對生活層面而言又有多大好處？不若二十年後給妳
一筆養老金來得重要。

〈回應2〉相信上帝若多給我們每人二十年壽命，絕大多數人
都不會覺得太長。

〈回應3〉因為妳年輕，才有條件長期投資，又能享受便宜的
保費。

〈回應4〉現在的人壽命都很長，長命百歲是可預見的，相對
而言，二十年的投資就比以前的感覺短許多時間，何況
從現在開始投資二十年，卻可用五、六十年，何樂不為
呢？

（三）錢賺不夠花，目前沒有這筆預算？

〈回應1〉買保險預算不是問題，就像我們真的喜歡一項商
品，分期付款也都能擁有，而保險就是標準分期付款的
賺錢商品。

〈回應2〉就是沒有閒錢，才要妳強迫自己把錢存下來，要不
然不是一輩子沒錢。

〈回應3〉相信您賺錢的能力絕對愈來愈強，而現在到未來相
等金額的投資應該不會是太大負擔才對，何況以目前流
行多年的「投資型保單」而言，未來還可選擇利用不錯
的投資報酬繳保費，實際上一點也不辛苦。

〈回應4〉M型社會已經來臨，如果我們不希望未來成為95%
的赤貧族，創業與投資是兩大法寶，而創業需要一筆龐
大的資金做後盾，而小金額投資卻可透過時間產生複利
效應，達成創造財富的目的，而預算不過是目前薪水的
幾分之一，而非薪水的好幾倍，執行起來應該不難。

（四）回去跟家人商量？

〈回應1〉妳錢存在銀行，有跟父母商量嗎？

〈回應2〉妳要買一些屬於自己的商品，事前都跟家人溝通嗎？

〈回應3〉妳相信嗎？我已經知道妳跟家人商量的結果？答案是家人基於愛護妳，怕妳受傷害，又對我不熟悉，一定不希望妳投資。但是妳認識我，也瞭解公司與認同商品，相信自己做的決定應該不會錯。

〈回應4〉回去跟家人商量，也瞭解家人的想法是有必要的，相信買起來也會更安心，要不然下星期一中午十二點我們針對家人提出的問題再做一次溝通，好嗎？

（五）錢會貶值，投資保險划不來？

〈回應1〉錢會貶值這是因為通貨膨漲的關係，但如果妳的投資報酬大過通膨很多，妳又在擔心什麼！

〈回應2〉我們生活周遭，其實有許多商品過去十年價格不漲反跌，譬如說車子性能愈來愈好，價格卻比以前還便宜；家裡的家電用品、電腦設備、出國旅遊費用等等的費用都不算高，所以有一筆錢在未來依舊是很重要的財富。

〈回應3〉就是因為錢會貶值，所以我們才應該把錢擺在保險公司，因為「投資型保單」過去平均所創造的報酬率，不知已是銀行利息的多少倍！而且還有保障，你說划不划算？

（六）我的親人，朋友做保險的很多？ （不會跟陌生人買）

〈回應1〉我的親人、朋友有很多不跟我買保險，但有更多陌生的朋友後來卻跟我買保險。

〈回應2〉投資市場講效益大小，比較少談彼此關係。

〈回應3〉俗話說：「遠親不如近鄰」，講究服務品質的保單應更注重遇到問題的解決，而人情保單有時反倒不知或不好意思要求服務。

〈回應4〉飛機有雙引擎才夠安全；保單有熟人服務很好，如果再增加一位像我一樣專職的經紀人不是更好？

（七）我已經買了許多保險，再也沒錢買保險了？

〈回應1〉買了許多保險並不一定代表做了許多投資，今天來就不是談保險的，而是告訴您目前已經幫許多人賺到錢的投資方案。

〈回應2〉沒有人會嫌自己在銀行的存摺簿或定存單太少，如果還有餘錢，一定會想再增加一張的。保單本就有有價證券的性質，買的愈多只是證明您的財富及身價愈高。

〈回應3〉您雖然買了許多保險，每年也繳了許多保費，但是否真的適合自己及家人未來的規劃，有需要進一步暸解保單的內容，而今天來拜訪的目的就是提供保單檢視的服務。

〈回應4〉人太胖需要瘦身，保單太多，保費太高，讓自己負擔太重也不是一件好事，如果明天您能夠把保單資料帶來，我可以幫您檢視保單那些部份需要瘦身，減輕負

擔。

（八）父母親已經幫我買了？

〈回應1〉你已經成年，你幫你自己準備好了沒有？

〈回應2〉父母幫你準備的是保障型，而我希望你能幫自己存點錢。

〈回應3〉父母親很有保險觀念，我想如果我推薦的商品不錯，相信他們也不會反對妳自己再提高壽險保障。

〈回應4〉或許自己的口味和父母不同，如果能夠買到一張自己喜歡的保單，相信保險的價值就不一樣了，我這裡有一份時下年輕人非常喜愛及暢銷的產品D.M.給你當作參考。

（九）現在買保險都太貴了？

〈回應1〉跟以前比起來是貴了一些，但跟未來比起來可能會便宜許多。何況現在的保單內容比以前的豐富了，許多地方也更人性化了，而且給付的項目及額度都增加許多。

〈回應2〉並非全部的商品都漲價，像產險公司出的個人意外險就比以前的意外險便宜許多，大概只有原來價格的六、七成。

〈回應3〉「千金難買早知道」，現在就是早知道的時候，不要等到十年八年後才怨嘆當初沒有早做決定。

（十）其實保險就只是買保障而已？

〈回應1〉買保險顧生死，已經不是主流了，買保險規劃退休

生活才是未來趨勢。

〈回應2〉保險商品金融化，金融商品保險化。

〈回應3〉「保險」已是金融體系很重要的一環，我們如果善加利用保險商品的多樣性與多變性，就可以在我們日常資金運用上產生異想不到的功能，而助益不單是擁有保障而已。

〈回應4〉你知道目前許多書局非文學類暢銷書的前十名通常都有好幾本投資方面的書籍，而且這方面的報章雜誌報導也愈來愈多，而目前保險的熱銷商品中，許多都是在講投資與理財規劃，而此一趨勢會有好幾年的熱度。

　　只要大家能活用這三十七種回應的方式，相信在拜訪的過程中，自然信心滿滿。此外，為了能幫助我們在商家有更好的表現，資料的熟記是不可或缺的一環，這一點有許多夥伴不適應，但也別無它法，該下功夫的還是要下功夫，就當作我們回到學生時代背一篇「滿江紅」時的慷慨激昂、盪氣迴腸；背一篇「與妻絕別書」時的痛徹心扉、柔腸寸斷的感受一般，放一些情感在裡面，想像資料內文字所描繪的情境，背的速度就可以快許多，將腦海裡多放了一些東西，有了一些「本」，就能舉一反三，觸類旁通。

　　反應能力就會很快，專業就會展現出來，商家對我們的信任度就會增加。所以演練資料及反對問題一定要背到滾瓜爛熟，能夠不經大腦、不假思索的說出來是最好。

　　第二個方向是「由淺入深」，是指訓練中的三個時期，以循序漸進的方式，透過拜訪的實務經驗去訓練自己：

1.尋找需求（接觸層面）

　　這是拜訪初期，如果設定一週能有兩個時段的拜訪，需要的時間為三個月，在這個時期，應以「量」取勝，透過大量的拜訪，在短時間累積經驗，這個時期類似軍中的新兵訓練階段，很辛苦，挫折感也最大，通常進入商家能停留的時間也不多，是一個高的震盪期，很多夥伴會在這裡打退堂鼓，但如果能撐下來，會漸入佳境。因為量大的關係，有時我們運氣好，會碰到正有需求的準客戶，自然會有保單成交，成交率約在100取1，平均拜訪一家店就會有一百元的收入，此時我們就會慢慢體會D.S.意想不到的效果。

2.創造需求（開發層面）

　　這是拜訪的中期，時間約為三個到六個月，在這個時期，已經是「質量並重」的時期，繼續透過量能累積經驗，在店內我們慢慢也找到與對方溝通的模式，彼此之間已能產生互動，詢問的技巧也在進步當中，說明商品的能力已駕輕就熟，保單成交的速度及數量都在穩定地成長中，成交率約在80取1。但要注意一點，就是在店內時間的掌控，不要因為對方的態度還不錯，一會兒茶，一會兒咖啡的，喝到自己都不知道自己來幹嘛的，就像找到一個舒適區（Comfort Zone）不想走了，一個下午只有一家店的拜訪，那就有問題了。

3.選擇需求（效率層面）

　　這是拜訪的最後一個時期，也是我們「由淺入深」的深化階段，訓練時間約為六個月，重點在優質準客戶的創造，拜訪不再

是難事，技巧已更上一層樓，在店中已能輕鬆掌控業務的脈動，不只能博君（卿）一笑，更能在談笑間用兵，促成已能在無形間完成，此時的成交率約在 50至60取1之間，平均一家店進去就有兩百元的「走路工」，算是不錯的回饋。完成這個階段之後，就已經開始進入D.S.中、長期常態的運作，也正是我們能輕鬆逛大街的開始。

我不常看舞臺劇，但我對舞臺上的藝術工作者是很佩服的，因為在舞臺上，眾目睽睽之下，不只要展現個人的演技，舉手投足之間又要呈現出高尚的藝術價值，整齣劇還必須展現表演者之間完美的默契，最重要的是還不能NG重來，光是這一點，就很不容易。如果我們看到有表演者吃螺絲或忘詞，整齣戲的品質就出了問題，也會影響到口碑及賣座，所以表演者為了要能讓自己順暢的表演下去，只能在自己平常的訓練中不斷反覆練習。巴頓將軍說：「不要讓恐懼左右自己，要能保持鎮靜，最佳的工具莫過於密集重複的訓練。」所以不論是台詞、表情、手勢、對話或走位都要做到一句不漏、一秒不差、一步不錯的境界，充份表現出臺下十年功的實力。

而D.S.訓練就類似舞臺演員的訓練，而非一班演員的訓練，一班演員可以不斷NG重來，直到最好；但舞臺表演者卻規定一次就要到最好。所以我們拜訪也要有一絲不苟的精神，認真面對每一家店，因為每次的出場，都是自己的一場秀，秀的好對方不會有掌聲，但心中會幫你喝采，眼神中期待你還可以再來一段；如果表演起來斷斷續續、結結巴巴，對方的神情就會很無奈，也聽不下去，我想早點離開會是上策。所以我常說你在辦公室並不見得有機會能夠天天上臺分享自己的經驗，但D.S.卻能夠透過你的功夫讓你在每一家店展現自己，一氣呵成，完美無瑕，使你成為另一

個舞臺上真正的主角。

五：你要一份堅持的心

　　「成功」的因素很多，可是最原始最重要的因素，就是那種單純想成功的慾望。不是嗎？看看我們周遭成功的人物，不是都有一顆不服輸的心，一種想功成名就的慾望嗎？所以他們知道為成功找方法，卻不會為失敗找藉口。

　　我認為全世界最偉大的人物是業務員，但我也不得不承認世界上最會找理由及藉口的也是業務員。柯利（Walt Kelly）在他的漫畫撲高（Pogo）中的一句名言：「我們碰到敵人了，敵人就是我們自己。」我常看到夥伴們在跑D.S.時，總有各種說法，看似理由正當，但實際上不過是一種推諉的說詞，而影響了正常的拜訪行程：

　　(1)外頭天氣好熱，都快三十八度了，先去85℃涼一下，等到五點太陽不大再出去也不遲，而且那時精神狀態也會不錯，注意力較能集中。

　　(2)下午看來一定會下雷陣雨，哇！傘沒帶，既然沒帶傘，今天就休息一下囉！想想昨天跑得也挺累的。

　　(3)昨天店員的態度都好冷，今天不知道會怎麼樣？搞不好隔一天會好一點，說了就算。

　　(4)嗯！這一個商圈的店不適合自己，明天換一個新的商圈，重新開始，今天就規劃一下明天的路線，看怎麼跑！

　　(5)今天心情不好，就到前幾天拜訪過感覺還不錯的店，做「複訪」就好了。

　　(6)好討厭呦！死黨們相約今天下午去看電腦展，晚上還要

去KTV唱歌。咦！變通一下，電腦展一定要去，因為不是每天都有，而KTV唱一首就走，應該還有時間拜訪。

尤其是第六點，我授課時常會開玩笑問夥伴：「如果是妳，在唱完KTV後妳會走嗎？」她紅著臉，猛搖頭。在人性上的確不可能走，就算是我，以當時快樂的氣氛而言，我也不會走，我不只不會馬上走，而且我還會聽她唱完十首歌之後再走，「拜訪」早已拋在腦後，趕快回到溫暖的家吧！所以說，跑D.S.要有一顆堅持的心的道理也在這裡。

但夥伴常會問我：「老師，我們又如何能夠擁有一份堅持的心呢？」先賢孟子在告子下篇說過一段話：「……故天將降大任於斯人也，必先苦其心志，勞其筋骨，餓其體膚，空乏其身，行拂亂其所為，所以動心忍性，增益其所不能。」所以要成為一位成功的人物，我們不要擔心自己的條件差，但我們必須接受各種挑戰，而文中所提的第一個挑戰，也是我認為最重要的挑戰，就是「苦其心志」，我常會問夥伴什麼是「苦其心志」？有人說是使他難受，給他打擊，讓他有苦說不出，自然能消磨鬥志；也有人說就是讓他求生不能，求死不得，做人不像人，做鬼不像鬼，最後得精神分裂症。

不愧是業務員，形容得還真夠貼切！我為什麼會提「苦其心志」，那是因為多年來D.S.的歷練，這句話讓我的感受最深，我想用兩句成語解釋我認為的「苦其心志」：「低聲下氣，忍氣吞聲。」大家看完可能會心頭一怔，不只這兩句話不太好聽，也有人覺得業務員幹嘛要這麼看低自己，我想不論每個人感覺如何，我認為你如果吃得下這兩句話，堅定的心就會伴著你，因為凡事挫折不再是挫折，也不知懼怕是何物，致之死地而後生的氣勢就會出來，加上後力十足的信心及力道，會帶領你邁向成功之路。

記得第二次帶D.S.團隊的時候，其中一個星期五的下午，我帶一位夥伴在北市信義路三段上市場實作，那天的運氣不好，走了都快三小時了，我們連一家A或B級的準客戶都沒碰到，而且因為走的很久，彼此都有點累，感覺氣也快用完了，身旁的夥伴就對我說：「班長，我看今天這樣就可以了，我的腳已經快不聽使喚了。」「好吧！天也已經黑了，不過我們再找一家店試試看，如果還是不順利，我們就回辦公室了，你看如何？」「OK！」

而前面剛好有一家連鎖的兒童服飾店，瞄一下，沒有客人，我倆趕快就推門進去了，果然有意外的驚喜。真的，皇天不負苦心人，我們遇到了超A級的客戶。所以我常說跑D.S.出去就對了，因為頭頂著青天，腳踏著實地，你的辛苦上帝看得到，祂會眷顧你的，而我們拜訪的最後一家店就是上帝的眷顧。

這位超A級的客戶是一位年輕的媽媽，透過我們商品的介紹，她覺得小孩子的「防癌險」一單位一千元不到（1999年的價格）實在有夠便宜，二話不說，卡嚓一下，收銀機開了，抽了一千元的大鈔就給我們，要保書也很快就填完了，我跟夥伴都還沒有回過神，我們已經現場成交了一張保單，金額雖然不大，卻很有意義。而身旁的夥伴更是興奮不已，出來後直說：「班長，太棒了！真的能賣出去耶！」在他的眼神中，我看到了「我相信了」四個字，這也是因為堅持到最後所帶來學習上的效果，更證明「堅持」對D.S.太重要了。

六：你要一雙勤快的腿

約翰‧普斯金（十九世紀英國的畫家）曾說：「我們所思考的或我們所相信的，都無關乎事情的結果，真正關乎事

員在老業務的帶領之下，業績也都呱呱叫，我看沒有他們，公司就很難撐的起來，所以他們平常說話的聲音都很大，也擁有別的部門沒有的一些特權，因此我開始體會到「業務」的重要性，我們不能否認各行各業只有能幫公司賺錢，才會是公司的主流，也是領導者的最愛。所以投身保險事業後，更加看清自己業務發展上的定位。

前一陣子有一位在銀行工作的老同學主動約我喝下午茶，一見面就大嘆苦水，抱怨連連，說他們銀行合併後，工作量大增，沒有像以前日子那麼好過，摸著自己已經白一半的頭髮對我說：「早知道今天在銀行什麼都要賣，我十八年前就應該跟你一塊去做保險了。」頗有昨是今非之感。

又說：「既然要做業務，年輕一點也比較有活力，衝勁也夠，不像現在都一把老骨頭了還要去賣老臉，公司還規定每天都要拜訪五家以上的公司行號，雖然銀行本身有訓練，但你是跑D.S.出身的，教教我一些實務的方法。」我說：「這一點沒問題，只是我認為現在跑得動就還要跑，我自己也還在跑，骨頭老心不老就好了，現在能跑還代表我們是有用之身，一切就算從頭開始都不晚，四十幾歲算什麼！麥當勞的第一任老闆雷‧克羅克五十二歲才創業，之前也是業務出身，賣過紙杯及混乳機，但經過他的努力不懈，麥當勞可是現在全球知名的企業。事不宜遲，我們現在就走。」「什麼！走去那裡？我們見面才十分鐘耶！」「帶你去拜訪啊！你不是說今天要我教你實務一點的嗎？我們現在就出發。」

由此可知，銀行為了業績也要跑D.S.，所以具有陌生開發的能力，在未來會愈來愈重要。相信我，D.S.絕對是保險銷售通路發展上必然的趨勢，而如何讓自己認識D.S.更實戰的一面，這篇八個主

題是精華。

第一章 | 市場優勢
（D.S.可以跟你想的不一樣）

　　如果我們已經解開對D.S.的疑慮，也決定可以嘗試看看，那麼當我們拜訪每個商圈，走在大街小巷時，我們可以做的會比想像的多很多，這是在其他業務通路中碰不到的。別的不說，光是一個下午三個小時的拜訪，我就可以接觸二十個人，每個人接待我們的方式都不同，每個人對我們的態度也都不一樣，酸甜苦辣盡在其中，而事後的感覺又妙不可言。此外，D.S.在我們事業的進程上，其實有多重的功能，跟我們傳統上對D.S.的想法，感覺會很不一樣，這裡有三個領域，大家可以進一步體會：

一：一兼二顧中的「陌生增員」

　　「增員作業」是保險夥伴另一項很重要的工作，如何能尋求更多志同道合的夥伴，強化及壯大自己的組織，是夥伴絕不能忽視的工作。有人說，在保險業要能細水長流，成為一位人人稱羨的長青樹，「增員」是命脈。但一般的增員方法，還是從「緣故」開始，「客戶」也是不錯的來源，但量能還是太少。但如果能增加「陌生增員」的作業，至少在名單的數量上我們會有優勢。所以我上課的時候常提到：我們走在大街小巷不只要賣「要保書」，還要懂得賣「合約書」。

　　而哪些增員市場是我們可以透過D.S.的作業去完成的呢？首

先我們先看看「房屋仲介業」，在大台北地區，二十幾家的房屋仲介公司就有約一千二百多家的分店，都快比7-11多了，如果每家分店平均十五位房仲員，合計就有近一萬八千名的房仲員，根據各項數據及與幾位資深房仲員的溝通，房仲人力的胃納，應該只能容下一萬二千人，顯然供過於求，而多出的六千人，將來勢必要有其他的選擇。而目前房屋仲介業無論是直營系統或加盟系統，整體人力素質不錯，我自己所認識的幾位房仲員就擁有碩士的學位，其中直營系統中的一家房屋仲介公司，新人錄取的標準要國立大學畢業才行，房仲業不僅年輕化許多，最重要的是他們的工作性質與我們很相似，都要主動出擊，在保險業我們還有緣故可經營，但房仲業可必須百分之百的陌生開發，所以當他們有機會進入保險業時，會在比較短的時間內上軌道，通常我們講一句，他們會領會三句，行動上更主動，時間一到，提著包就出去了。而房仲業不就在我們拜訪時常會看到的嗎？

其次，還有一種行業也是我們走著走著就會碰到，我們自己都會常進去辦事，那就是「銀行」。銀行現在也是三、五步就一家，但銀行裡面除了有許多錢外，還有「行員」與「理財專員」，尤其是理專，他們行銷的商品，與我們非常的貼近，甚至賣的比我們還多元，但因制度的不同，在獎金的回饋上，會有不同的差異。我自己在跑D.S時就常會在商家發現許多銀行理專的名片，有幾位已經是我客戶的老闆也會告訴我，最近銀行跑的比你們還兇，幾乎每天都有人來拜訪，由此可知他們跑D.S.可不落人後。

第三個我們常經過的店就是「汽車營業所」，最近幾年因油價上漲的關係，再加上前幾年全球金融風暴的雙重影響，車子真的不好賣，許多人的老爺車，能用就用，大家看街景時就可瞭

解。我有一位曾在亞洲進口車商任高級主管的高中同學就私下跟我說，他們的業務員都快活不下去了，前兩年辛苦一點每月還有個五、六萬元的收入，現在連三萬元都不到，冷到不行。當然有機會他們也可以成為我們事業的夥伴。

二：以「產」轉「壽」的策略

「店訪」中另一項與眾不同的功能就是產險的訴求，只要考取證照，產險已經是業務員可經營的項目之一，而保險公司本身大都會有產險系統或合作的產物公司，而許多的業務員也會好好的利用這一塊市場，不過業務大多集中在「車險」及「強制險」，其他的部份較少經營；其實，產險的範圍非常廣，有些部份非常專業，別的不說，店訪中兩個最主要的產品，「商業火險」及「公共意外責任險」就有許多領域，是我們必須花些時間去瞭解，這方面的專業知識愈豐富，店訪時可發揮的訴求點就多，成交率就會高。前面我有提到D.S.的首要目標就是讓對方先成為我們的客戶，由業務員升級到經紀人，先改變我們的身分再說，所以不論是壽險的經紀人或產險的經紀人都很好，若是先有產險保單，再採取以「產」轉「壽」的策略，真正的目的是要讓對方擁有我們壽險的保單。

D.S.作業如加入產險的訴求後，會有五大好處：

1. 它是拜訪時的潤滑劑

一般我們在店訪時會以商店內的「人」為主，也就是以壽險為主要的訴求，但往往碰到的拒絕會比較多，我們常說這家店比較「硬」，譬如說老闆有點髮蒼齒搖，比自己的年齡大很多，

(1)我今天來不是要賣保險，而是要談我們這家店的經營風險，這與產險中的「商業火險」及「公共意外險」有關，所以要談的是「貨」而不是「人」。

(2)目前十家商店中，已有四家已經投保「商業火險」，請問老闆之前有沒有接觸過這方面的資訊？

(3)小姐你好！我是來做拜訪的，這是我的名片，我姓葛，在「××人壽」服務，不知道老闆在不在？我想跟老闆做個拜訪，主要是談產物險的部份，尤其是保店內最主要的貨物，有許多老闆對這一部份很重視。

(4)產險其實並不貴，合計四百萬以上的保障，規劃一年也不過四、五千元，換算每個月差不多四百元，是非常划得來的投資，況且還是兩個商品，有夠便宜。

(5)我們的商品組合，完全針對「商店」而設計的，是商店的專屬品，所以價格更有VIP的感覺，我們平均要比其他家便宜二成以上。

(6)產險一年一約，如果您對目前已有的產險規劃不滿意，不要緊，我這張D.M.留下來，您先去瞭解，保單週年日前兩週我們再聯絡，到時候我再跟您做細部的說明。請教老闆，這家店產險的生效日是在每年的幾月幾日？

(7)「產險」跟「壽險」不同，因有效時間較短，一年一約，所以商品的忠誠度普遍都不高，換約的情況很正常，如果您對目前的已買商品不滿意，屆時都可換掉，而且不會造成類似壽險保費上的損失。

(8)「火險」及「公共意外險」的規劃，就是買一個在工作累完一天後，能夠安心回家休息的權利。

(9)火險一般分兩種，住家買的叫「住宅火險」，而我們開店

做生意買的叫「商業火險」或叫「財產火險」，兩者不能混為一談。尤其老闆你的店面是自己的，非承租的，就要特別注意，如果有辦銀行貸款，要留意火險買的是住宅的，還是商業的。根據我的經驗，許多老闆手上的火險單都是錯誤的，之前就處理過許多件，要知道商品不對萬一發生理賠，是無法有任何補償的。

三：陌生市場「緣故化」

俗話說：「鄉不親，土親；土不親，人親。」又說：「鄉親遇鄉親，說話也好聽。」的確，人與人之間的相處，如果多個關係，有個交情，味道就是不一樣，許多事情的處理，得情多助，順暢不少。保險業務在人際關係的經營，也依舊是如此。也就是說，建立更多更好的人脈關係是成功的基礎，而彼此之間情感的交流與深化，卻是其中關鍵的因素。記得我還是新人的階段，有一位講師令我印象深刻，兩天的課程中無論講到那一部份內容，他都會不斷反覆強調一個字：「情」，他說做保險，就是在做「情」這個字，唯有情感的交流，信任才會增加，唯有與客戶常常「陪暖」，我們才有源源不絕的業務可做，所以他說：「請把「情」字放中間，理性、專業放兩邊。」又說：「問世間「情」為何物？直叫「業務員」生死相許。」可想見他是如何重視「感情」。從另一角度看：人不就是感情的動物嗎？

十幾年來，我深深體會，只有在客戶面前，「把感情放大，事業才會變大。」陌生市場的經營，更應如此。當我們不斷與陌生人接觸，從接觸開始就是我們感情釋放的起點，透過對話，加入情感的深度，博得對方的信任，之後不論是服務的提供，資訊的交流，都以增溫感情為目的，開始建立一套在陌生市場與客戶

交流的模式，我們稱作「陌生市場的緣故化」。

我常提D.S.，它是Direct Sale 的縮寫，中文的解釋應該是「直接或直衝式」的拜訪，但大家習慣稱「陌生開發」，但「陌生開發」應該不只一種，辦公室的、工廠的、打電話的、做問卷的……等等十幾種都是，當然「店訪」也是，而且它是其中最容易與Direct Sale聯想在一起的，因為在做法上，它也最接近直衝式的性質，下表有一份陌生市場的分類，大家看了會一目了然。

陌生市場的分類

1	按領域	平面	店舖拜訪、工廠拜訪、攤位行銷
		立體	住家拜訪、辦公室拜訪
		空中	電話行銷、網路行銷、電視購物、信函行銷
2	按環境	開放式	店舖拜訪、展覽會場、遊園會
		半開放	辦公室拜訪、住家、工廠拜訪
		封閉式	學校、公家機關、百貨公司、飯店
3	依目的	增員	人力銀行、校園徵才、房屋仲介員
		銷售	店舖拜訪、住家拜訪、辦公室拜訪
4	進行方式	定點	攤位行銷、定點問卷、電話行銷
		走動	店舖拜訪、住家拜訪、辦公室拜訪
		移動	校園徵才、社區理財座談

陌生市場的通路算一算也有十幾種，每一種通路都有它的特色在，而店訪不過是其中之一罷了，但如果我們願意把店訪這個通路搞通了，相信其他通路的開拓也不會是大問題。此外，值得一提的是，表中第四項進行方式有一項「定點問卷」，我知道有許多的主管會建議新人剛接觸陌生市場時採用此一方法，以快速增加業務的名單，所以在十字路口、銀行門口、大賣場或百貨公司的出口，以填問卷的方式接觸陌生人，之後再透過電話聯繫爭取與對方面談的機會，進而促成保單。

　　過去我看過許多夥伴樂此不疲，不過老實說，我個人是不太贊成花太多時間在此通路上，當然有各種原因在，主要還是因為它的成交率太低。試想一份問卷完成，是上面的「題目」重要還是下面的「基本資料欄」重要？如果答案是「基本資料欄」重要，那欄中的「地址」重要還是「電話」重要？如果答案是電話重要，那我要問，對方給的電話都正確嗎？很多有經驗的夥伴會跟我搖搖頭，根據統計，其中有15%至20%的電話是錯誤的，就算電話是對的，對方也接了，但你跟他兩人早已擦肩而過，你回到了自己辦公室，他也回家或回到他的辦公室，這個時候你打電話去，他心裡想，你可是保險的業務員，這通電話鐵定要來賣我保單的，你覺得他會出來跟你見面的機會大不大？如果聽得出對方在推諉，當然見面的機會就低了，如果我們無法爭取面談，那保單也就免談了。

　　保險有量身製作的特質在，無法見面就無法探知對方的需求，這張問卷就會是無效的問卷，但有夥伴會說：「老師不對，我透過問卷有成交過保單。」這當然有可能，任何通路的成交率都有「大數法則」，問卷作業也不例外，問題是我們要做多少問卷才會成交一張保單，所以既然都是陌生市場的經營，也都是要付出心力，作業時也夠辛苦，為什麼我們不選擇效率高一點的，而「店訪」就是我認為在所有的陌生通路中，它的效率是最高的，而且也是陌生市場緣故化效果最好的。

　　雖是老葛賣瓜自賣自誇，但各通路的評估出來的分數是有道理的。我們還是以「店訪」為例來說明，第二項複訪的機率，它拿滿分十分，原因很簡單，因為商家是要做生意的，大門永遠是開著，雖然不見得歡迎我們，但只要你願意，你就可以進去N次，不斷地與對方取得見面的機會。

　　我們常說：「見面三分情」，能見面就是機會，這也是跟「定點問卷」的方式最大的差別。不過，之前有夥伴問我：「老師不見得耶！像我上回拜訪一家店，再去的時候，就沒見到對方。老師，她會不會離職了？」「準客戶有時不在店內，可能她輪休，也有可能是調點支援，我們的拜訪還沒有偉大到對方會離職，不要想太多，再去一趟妳就會看到她了。」

　　接下來我們看一下第十項──原點創造下一位準客戶的機率。這一項非常重要，也是我們緣故化的開始，試想一家店有三位門市，我們暫稱門市A、B、C，今天如果門市A已經跟我們買了一張保單，因為業務是有感染性的，門市B與C跟我們買保單的機會就會比較大，無形中我們就會增加兩位準客戶。

　　如果不幸這家店之後要出租頂讓，這個點不久就會有新的店入駐，透過這個點，我們可以認識新店的老闆，老闆若請了門市D跟E，我們有機會再跟門市D跟E接觸，順道談談這個點的歷史，也是很好的接觸話術，這樣我們又會增加三位準客戶。

　　而門市A如果中途離職，轉戰另一家店服務，因為是客戶了，透過服務去看看她，也許也可認識那家店的其他門市小姐，我們用門市F、G代表。所以店訪可以透過一個人或一個點衍生出不少準客戶，光是這樣的經營，數一數就多出七位名單，而衍生的過程，就是透過彼此的關係與交情，加上對地點的熟悉度，擴大之後就是一張人際的網路，可無遠弗屆，但其美中不足的一點就是我要付出多一點的體力，所以舒適度（體力付出）的分數只有一分。

　　記得辦公室夥伴曾寫一首打油詩描述D.S.，他說：「出發日當午，汗水滴下土，誰知拜訪天，步步皆辛苦。」形容的真的很貼切，也很傳神。的確，D.S.有它辛苦的一面，但也會感受到否極泰

來、漸入佳境的喜悅與成就。

　　剛剛的說明，大家已經知道在店面拜訪緣故化的做法，另外還有一個重點，是以「商圈」的角度來看——「商圈的開發，必須由熟到生再到熟，由小到大再到小。」

　　店訪的街道與商圈安排，通常會由我們熟悉的地區開始，但開始我們不能永遠死守一塊地，那樣拜訪的家數會太少，經驗的累積也不夠，而且每個商圈的文化不同，店面的形態也不同，消費的客層也不同，你必須多方去嘗試與瞭解，所以拜訪的商圈要更多元，拜訪商家的量要更大，經驗與技巧就會更成熟，透過時間，成交保單會是指日可待，但說起來也很奧妙，你成交客戶的商圈並不一定是你原來很熟的商圈（第一個商圈），而往往是你想不到的地區，而且三不五時就會帶給你好消息，這讓我覺得人不只是跟人有頻率，人跟大地之間也有著強烈的頻率關係。

　　因此你會發覺有許多客戶居然是在同一個商圈或同一條馬路上成交的，發展到這個階段，成交多的商圈也變成你熟悉的商圈了，而這裡就好像已經是我們的第二個故鄉，以後的拜訪只要多來這裡，業績也就在這裡，你已經找到了一個在業務上永遠可以安身立命的處女地。這也是我前面所提，商圈的開發，必須由熟到生再到熟，由小到大再到小，陌生市場緣故化的作業才有持續下去的價值。

第二章 | 商圈規劃

【商圈知多少？】

我們可以瞭解臺北市商圈的分佈，但商圈不是一成不變的，有的商圈以後會變更大，也有一些商圈在萎縮當中；有的商圈位置一級棒，但商家生意卻不好，但有的商圈再造後，如浴火鳳凰般風華再現。

【商圈彼此的差異】

以上商圈的說明，是希望讓夥伴們在地理上有個概況的瞭解，使我們的拜訪能更胸有成竹。為了能在拜訪上對商圈有更進一步的認知，我們必須瞭解各商圈的相異處，整理出有五個重點如下：

一：新舊商圈的差異

商圈原本就有新舊之分，每個商圈因為發展的時期早晚不一，像有些商圈應該都有百年的歷史了，店態當然會舊了一些；然而有些商圈隨著城市的發展，呈現出新的樣貌。兩種商圈不論商店的種類、外觀、門市人員會有差異，就連消費者都不同。

二：經營方式的差異

主要指「市區」與「郊區」的差異，例如一個狀況，你如果在市中心摩托車不幸壞了，我想你可能要推車二、三十分鐘，才會在巷子裡找到機車行，但這個狀況在我家附近不用二、三十分

鐘,除以十只要二、三分鐘就有一家了,另外要租漫畫或DVD,我家或你家都很方便,在Downtone 就會麻煩一點。

三:消費人群的差異

像我母親逛街,老商圈是首選,那裡有她幾十年的足跡與回憶,也有幾十年的好朋友在那裡,逛街兼敘舊,心曠又神怡,也因為老店不少,逛起來很有懷舊的感覺。如果是我太太逛街,流行感夠的鬧區是她最常去的地方,交通方便,百貨公司也多,最重要的是,有特色的餐廳一大堆,美食當前誰能不動心。如此你就會知道每個商圈都有不同的客層,也就代表有不同的商圈文化在裡面。

四:主軸店態的差異

在都會中會有一些賣同類商品的店舖聚在一起,以擴大及加深消費者的消費印象,達到對焦的效果。無論是衣服、家具、婚紗、家電、數位商品、五金、寵物都可以到固定的商圈或街道購買、這就是主軸店態。

五:門市人員的差異

因店種、店態之不同,門市人員也會不同,例如服飾業的門市以女性居多,但3C數位商品的商店,男性門市就居多。有些店是獨資的,老闆當家顧店;但許多連鎖的商店,門市就不只一位。

開，成交的機率就很高，唯一要注意的也是拜訪的時間限制，通常她們從中午12:00～1:30算是空檔。

【不適合拜訪的店】

透過以上的說明，大家就可知道商店不只存在於大街小巷當中，而未來商店發展趨勢應會更多元，三度空間的運用勢在必行，目前地下街已有許多商店，空中（一樓以上）賣場的運用也正在擴大中。

但是當我們發現這麼多的地方有這麼多店，是不是所有的店我們都要去拜訪，還是應該有所選擇？我會跟夥伴強調，跑D.S.並不是每家店都要進去，出門拜訪就是在尋求合適的店，而適當的選擇會提昇我們拜訪的效率，接下來，我先負面表列，看看哪些店是我們不適合拜訪的店：

1. 餐廳、咖啡廳、早餐店
2. 超商、飲料專賣店
3. 髮廊、美容護膚（SPA）中心（限男性）
4. 診所（限牙科診所）
5. 開放空間的百貨公司

雖然有六大項、十幾種商店，看起來好像有很多店都不能進去拜訪，所以夥伴就會問我：「老師，這樣看起來我們能拜訪的店其實並不多，你看光是第二項超商不能去，再加上其他不適合的店，那拜訪的空間就會縮小，機會也會少很多。」「雖然這些店加起來是不少，但與全部的商店總數加起來，比例上不會超過10%，還有90%的商店是我們可拜訪的，這方面的問題並不大。」

上列五項中的第五項，前文已經說明過，就不再贅述，其他四項分類中的商店，我們來看看為什麼不適合拜訪：

一：餐廳、小吃店、咖啡廳、早餐店

這四種店，都是屬於開放空間的型態，也就是說，隨時都有不只一位的客人在店內，而且因為用餐及喝咖啡的時間會比較久，加上客人常進出，我們在拜訪上很容易受到干擾，但這些店也並非都不能拜訪，我們應視現場的狀況決定之。

先看餐廳，下午時段的拜訪，他們可能已經暫時關門休息，店內漆黑一片，我們會不得其門而入。部份小吃店也有一樣的情形，但有些小吃店下午照常營業，如果沒有客人倒是可以進行拜訪。

咖啡廳則剛好與餐廳相反，中午開始會是他們第二波的人潮（第一波是早餐時間），一直會忙到下午五點左右，朋友聚會的，談生意做業務的，甚至有一對一教學的，聲音不小，客人也常進出，服務人員也是忙裡忙外，人聲鼎沸，熱鬧異常，要拜訪還真的不知如何開始，這樣的賣場氣氛是不適合拜訪的。

早餐店大都從清晨開始營業到午後，下午的拜訪通常早餐店已經準備收攤了，不過這幾年，早餐店有一些變化，可能是「早午餐」的人口的增加，目前的早餐店大都有供應午餐，主要以簡餐為主，烏龍麵或鐵板麵之類的套餐，有些店午餐的生意甚至比早餐還好，由此可以看出現代人飲食習慣的改變。

有一次我在鬧區拜訪，時間是下午兩點半了，剛走進一家服飾店，就聞到漢堡的香味，介紹完自己，我突然問門市小姐：「怎麼這麼晚才吃午餐啊？」她看著我，有點不好意思的說：

「這份不是我的午餐，而是我今天的早餐，你沒看到是漢堡蛋加中溫奶嗎？你午餐吃漢堡蛋的嗎？」聽她這麼說，我摸摸鼻子道：「小姐，現在都已經下午二點半了耶！別人午餐早吃過了，你連早餐都還沒吃，不過妳現在還買得到漢堡蛋，還真不簡單！」「有什麼難，這附近的早餐店都是快三點才關門，主要就是做我們店員的生意，有時候我們店裡忙，打個電話去他們還可以外送，方便的很！」

現在的早餐店真是全方位經營，影響所及，難怪有些餐廳會撐不下去，而我們拜訪時如果遇見早餐店沒客人，也是可以進行拜訪。

二：超商、飲料專賣店

這兩種店可能是我們拜訪時最常碰到的店，可惜卻不是我們很好的拜訪標的，歸納之後有幾點原因：

第一、客人進出多，拜訪易受影響。以超商而言，營業的尖峰時間排隊結帳是常有的事，加上他們服務項目很多元（代收稅款及各項生活費用、快遞服務及代收物件、應景或節慶的促銷商品、影印及傳真等等），真是達到便利的功能，商品的價位也不高，屬低單價商品的店態，你進超商花十元買份報紙，收銀機也要卡嚓一下，花十五元買條口香糖，收銀機還是要卡嚓一下。飲料專賣店也是同樣情形，一杯飲料大概20～60元之間，都是低單價的商品，進出消費的客人會多，拜訪就易受到影響。

第二、這兩種店內的服務人員大都是工讀生，酬勞是算工時的，能賺到的錢並不會太多，主要是貼補學費或是生活的零用金，剩下來的並不會太多，自然影響買保險的能力。

　　第三、年紀輕，如果不到二十歲，就算有很高的購買意願，要保書也要父母簽字才能生效，但這中間就可能有許多變數。之前就有一位其他店轉介紹在超商服務的準客戶，只有十九歲的一位女大學生，想買一張防癌險，一年的費用三千多元，她對商品很滿意，但因為未滿二十歲，所以要保書要帶回去給父母親簽字。兩天後，她跟我說她爸爸想跟我見面，心想Case雖然不大，但有機會就要掌握，於是就在她家附近的麥當勞見面，誰知道她父親一見到我，兩個眼睛就上下打量一番，一付很不信任的樣子，感覺的出來，好像我賣保險是要騙他女兒似的。面談中，他始終沒有多說什麼話，倒是他女兒一直在幫我講好話，到了最後，他只是輕聲跟我說，商品是不錯，但還是要考慮考慮。聽他這麼一說，心知氣氛已經不對，單子應該是救不回來了，彼此客套兩句，面談也就草草結束了。

　　事後分析，這個Case已非自己能掌握，牽連到親人的參與也就增加了許多的複雜性，所以在爾後的拜訪中，我會刻意去套知對方的年齡，如果在二十歲以下，我在店內停留的時間就不會太久，對方如果對我們的商品很有興趣，對我們的信任度也夠，我會建議她二十歲生日時，可以給自己一份最棒的生日禮物。

　　另外，有部份的飲料專賣店是老闆自己開店創業，自己顧店，是沒請工讀生的，這一類型的飲料專賣店在郊區或巷、弄中比較多，只要店中沒有客人，依舊可進行拜訪。

　　我知道，在超商的大夜班，有許多保險夥伴在經營，成績也不錯，主要是因為半夜客人少，空檔多，而且他們大多是正職的工作，領月薪的，收入算穩定，所以覺得是好的機會點，但是我卻不太贊成夥伴們去拜訪大夜班，原因無他，如果自己已經習慣深夜的拜訪，久而久之，會破壞自己的生理時鐘，對自己的身體

　　我有一位客戶的女兒，北一女畢業，因為很喜歡小動物，雖然大學入學成績可以讀高雄醫學院的醫科，但她卻選擇獸醫系就讀，五年畢業後沒多久，就跟幾位臺北同學合夥開了一家動物醫院，生意很好，收入不比醫生差，而且與自己的興趣相結合，真的很不錯。因此動物醫院就很適合我們拜訪，因為醫生沒有診別的問題，而且通常醫生就是老闆，要談要聊都很方便。另外還有一種「師」，就是藥劑師，也很夯，近幾年傳統的西藥房正在轉型成為藥妝店，消費者到藥妝店不再只是購買成藥，其他養身、健身、護身、瘦身的商品大行其道，目前已有許多的年輕的藥劑師投入創業，他們也是我們很理想的認識對象。

　　跑D.S.能接觸各行各業不同的人，無論是小本經營的老闆，還是連鎖體系的門市小姐，或是專門店裡的專業人士，都會是我們的客戶，這也是拜訪上的一大樂事。雖然以上提出很多店原則上不太適合我們拜訪，但並不代表我們全部都不能進去，所以我們也不要拘泥於所學的原則，應視現場的狀況而定，才不會左右掣肘。

　　孫子兵法就說：「凡用兵之法，將受命於君，合軍聚眾，圯地無舍，衢地交合，絕地無留，圍地則謀，塗有所不由，軍有所不擊，城有所不攻，地有所不爭，君命有所不受。」道出孫子因勢利導，靈活且機動作戰的一些戰法，值得我們參考。

【目前生意不錯且適合拜訪的店】

　　前一段所提是不適合拜訪的商店，我負面表列出來，也就是說除了這些以外的商店，都是我們可進行拜訪的，但是在這麼多可拜訪的商店中，又有一些是屬於「優等生」，也就是目前當紅，普遍生意還不錯，且不斷有追隨者（投入開店）的店，因為

營業狀況好，收益佳，獎金也多，無論老闆還是門市人員，當然買保險的能力就強了，如果拜訪時遇到這些商店，一定要努力加餐飯（形容賣力），用力去進行拜訪。

一：自行車行

算是這兩年發展最快速的店，也是十幾年前眼看將夕陽西下，又突然曙光乍現，目前又日正當中，紅到不行的店，變化之大真如奇蹟再現。

假日騎在河濱的車道上，全家大小一同享受騎車的樂趣，除了騎車，看各式各樣的自行車也是樂趣之一，無論越野車、街車、小徑、小摺、還是娃娃車、協力車，裝飾的都奇炫無比，煞是好看又有個人風格。但美中不足的一點，就是車道上滿坑滿谷，車滿為患，時速大概只有十公里，騎著看風景可以，但要享受騎乘的快感，可就有點困難，三不五時還得眼觀四面，耳聽八方，要不然很容易有小擦撞。但無論如何，此項全民運動是最健康又環保的，值得永久的推展。

二：租書坊（漫畫店）

看漫畫的人口愈來愈多，另根據網路的調查，租書坊是目前年輕人想創業的首選，主要是門檻並不高，手上只要有五十萬元就可以頂一家店了，如果有個一百萬元就可以開一家新店。漫畫書的租金雖只有幾塊錢，但積沙成塔，生意好的租書坊，光是每月進的新書就要五、六萬元的成本，店內的漫畫書冊少說也有十萬本，挺嚇人的，宛如一家小型的圖書館了，你會問為什麼有這麼多人看漫畫？以前看漫畫的是學生，但現在的漫畫書已不再是

學生的專利，也有許多大人在看，大人中還包括不少中、老年的人口，無論是當作降低工作壓力的方法還是打發時間，大家都樂此不疲，所以現在的漫畫店可是老少通吃，餅也因此做大了，生意就會不錯。

三：遊戲機專賣店

早先是附屬在一般的玩具店中，目前都已單獨設點開店，因為品牌多了，商品（軟體及周邊商品）也就多了，無論是SONY的SP系列，微軟XBOX，還是任天堂Wii，這幾年都賣的很好，而且還不斷的推陳出新，涵蓋面也愈來愈廣，玩家自然就增加了，而且玩家也不再限於青少年，以Wii的運動軟體而言，無論家庭主婦、老人家都可捉對撕殺，跑到腿軟兼汗流浹背，運動效果不錯，健身房的費用都可省了，所以遊戲機功能的增強，市場就愈做愈大。

四：通訊器材行

前面的兩種商店，有一個市場成長的共通性，就是原本是小孩的市場，但成功突破年齡的限制，吃到大人的市場，所以商店數就不斷在成長中，但通訊器材行卻是向下紮根，我兒子小學畢業最想要的生日禮物就是「手機」，而且功能愈多愈好，最好什麼都要有，MP3、照相、遊戲、傳輸、上網，一項也不能少，買來之後每天電話沒兩通，但玩起來一樣帶勁，這都要拜高科技帶來的方便。聽說現在已經有手機可以當投影機用，這對我就太方便了，以後上課只要把手機放進口袋，就一切搞定，你說市場怎麼會不大，何況目前有許多人是雙手機、三手機的，也有一部份

的人是常換手機的，家中有沒有古董名畫或藝術珍藏都不重要，時下的年輕人只要一機在手，自己都有可能是注目的焦點，手機已跳脫功能的性質，成為一種身分地位的表徵，手機文化正在蔓延中。

五：寵物店（含動物醫院）

現代人閒來無事養個狗兒子或貓兒子，但就是自己不生個兒子，原因當然很多，要知道養個真兒子，從小到大的要費一大筆錢，這可不是一個小數字，但養狗兒子、貓兒子成本就低很多，只要訓練得法，牠們不吵不鬧，還會裝可愛給你看，也不會頂嘴，更不會找大麻煩讓你操心，更不會不孝順，讓你痛心。所以牠們的身價，扶搖直上，常聽人說「人命不如狗命」，雖是一句玩笑話，但也是真實存在的現象。我自己理髮一個月一次三百元，我家隔壁養的紅貴賓一個月洗澡兼理髮兩次要二千元，牠的毛比我的毛貴快七倍。除此，外加染髮、造型，費用還更高。動物醫院生意也不錯，我有一位獸醫客戶就對我說，他曾經幫一隻得大腸癌的黃金獵犬做化療，雖然後來還是死了，但主人對牠可說是仁至義盡，早當作是自己的家人了。

六：生活藥妝、美妝店

傳統的西藥房已經賺不了多少錢了，一盒感冒藥利潤不到五元，整體的利潤已經沒有以前好。取而代之的是藥妝店，不只提供一般的藥品，而且增加銷售許多周邊的商品，包括老人家養生、健康及抗老化的食品，小姐們的化妝、衛生、美容、瘦身的用品，小孩子幫助成長發育的營養品，還有就是像我一樣的中年

人的生髮、染髮商品。人過中年真的只剩一張嘴了，洗澡的時候最清楚，淋浴完只要頭往下面一看，我的媽啊！地上怎麼這麼多毛，這可是第一次的傷害；洗好澡面對鏡子，吹頭髮的時候，我的媽啊！怎麼愈來愈白，這可是第二次的傷害，洗一次澡要被傷害兩次，也真夠了！誰叫我們老了，搞不好過一段時間還要偷偷問藥妝店有沒有賣藍色小藥丸，所以中年男子有的不只是失業的危機，還有頭頂上的危機，頭頂上的危機更嚴重，因為跟面子有關。

七：生機飲食及健康食品店

老年化的關係，國人愈來愈重視健康，還有近幾年來全球不斷有各種傳染病威脅著我們，像SARS、禽流感、狂牛症、口蹄疫、登革熱、H1N1，所以如何提高自己的免疫力，就變得很重要。生機飲食因不含農藥的栽培，又有高度抗癌抗病的功效，很獲得消費者的青睞，所以近幾年開了許多生機飲食店，有時候消費者只要到店裡，馬上配好料打成汁就可飲用，非常方便。另外，這兩年健康食品也大行其道，各式各樣的商品，好像每一種都有它強大的功能在，而行銷的通路不只限於「直銷」的系統，坊間已經有專賣店出現，而且家數還在不斷增加當中。

【我該選擇從哪裡開始？】

我相信現在大家對商圈的店種、店態，會有一定程度的瞭解。這個章節，主要的目的也是希望夥伴在拜訪的時候，能有一個地理上的概念，且能深植於腦海之中，幫助我們達成兩個目的：

1. 適當的選擇，去蕪存菁，做有效率的拜訪。
2. 瞭解商圈分佈及商店的種類，再配合自己的拜訪風格，夥伴們就不會像無頭蒼蠅般地到處亂撞，搞得自己滿身是傷。

但如何規劃商圈對我們會是一個好的開始呢？或者說如何找到一個最佳的切入點？有兩個重點大家要特別去體會：

一：選擇與自己人格特質相容度高的商圈或店舖

人潮多且流行感強的商圈，也是學生族群或不到三十歲的年輕人理想的逛街購物的地方，早些年前，店舖裡的門市小姐都很年輕，有些甚至不到二十歲，都還是在學的學生，我記得其中有一家鞋店，我進去拜訪遞出名片，那位小姐看看我的名片後，還不等我開口，她倒問了我一句話：「這位阿伯，你是要來賣我保險的嗎？」這個厲害，聽到這句話，整個人氣都沒了，講阿伯會不會太殘忍了一點，我當時才三十七、八歲，如果真的不願喊大哥，叫聲阿叔我也能接受，腦海中頓時空白一片，一時之間也真不知道如何回答，如果這是老闆教她們對付業務員的方法，我甘拜下風。心想自己身經百戰，任何在賣場的反對問題都難不倒我，但這句話殺很大，我無解；因為在我的眼睛中，看到的已經不是她漂亮的臉孔，曼妙的身材，而是她背後的爸爸、媽媽，這叫我如何繼續下去，當然以失敗收場。

另外，就是環境了，此類商圈有一個很大的特色，賣場的音樂聲都很大，震天價響，也震耳欲聾，還沒走進去，外頭老遠就聽到重金屬、搖滾或嘻哈的音樂，這些店大概知道我是來作戰

的，放這些音樂可增加作戰氣氛，可能是年齡的關係，我實在不習慣重味的音樂，而且彼此在對話的時候，往往我聲嘶力竭，費了九牛二虎之力之後，對方還不太清楚我在說什麼？為了能讓自己繼續拜訪下去，基於商場就是戰場的道理，我採兵來將擋，水來土掩的戰略；有一天，我突然想到一招，用「耳塞」進行拜訪，滅音的效果顯著，馬上自己覺得安靜了不少，但對方說的話我也聽不見了，而且連我自己說話的音調也掌握不住，業務訴求的力道就小了，因為效果不好，沒幾家也就作罷了！我分析並不是此類商圈沒有人要買保險，如果自己年輕個十歲，與對方的距離應會更拉近一些，就算賣場放的音樂音量大一點也不會是太大的問題，所以選擇與自己人格特質相容度高的商圈或店舖，是很重要的。

二：熟悉的商圈環境與店貌

　　人性上對不熟悉或不確定的人、事、物都會有焦慮不安的感覺，也因為如此，就會影響我們拜訪的信心與行動力。譬如美國大聯盟（MLB）剛得過美聯賽揚獎的皇家隊投手葛倫基，就有所謂「社交恐懼症」（Social Phobia），他在一些場合可能因為不熟悉或不習慣環境，自己就會不由自主的緊張起來，臉紅心跳，甚至會出現異於常人的舉動。而跑D.S.就是每天都在面對不熟悉或不確定的環境，我們沒有其他的選擇，我們必須要突破人性上的障礙，完成既定目標。

　　要完成目標，這中間有一項可運用的好方法，就是在不熟悉的環境中找到比較熟悉的店或熟悉的街、道，再慢慢擴大商圈的拜訪，引導到自己能掌控的環境中。但什麼又是我們熟悉的店？

其實也就是我們常常逛或消費的店，譬如說女孩子常會去美容護膚店、服飾精品店、鞋店、眼鏡店、珠寶店等等，男孩子則會去手機店、漫畫店、自行車行、機車行、洗車店或3C賣場。因為這些店自己很熟悉，裡面的店貌心理已能知道個七、八成，也就是說在還沒有進去拜訪之前，對這些店已經有了地形地物的瞭解，在拜訪上自然就會得心應手一些。

所以綜合以上兩點，我會建議想跑D.S.的夥伴們，有三個地方是我們拜訪最佳的切入點：（一）住家附近。（二）辦公室附近。（三）自己常逛的商圈。

第三章 ｜ 心理建設

小草因困境而激發其生存力量，進而因陽光、空氣、水等成長因素使其不斷茁壯。而人除了陽光、空氣、水外，還有深埋在心靈深處的一股力量，這股力量能排除萬難，讓人勇往直前。

而心靈深處的那股力量就是要我們培養好的「心理建設」，潛能才能展現出來，而好的心理建設確實可以讓我們更輕鬆自然地面對我們的拜訪，而夥伴們在拜訪時所產生的複雜情緒，也會被好的心理建設所化解。有許多夥伴會急著問我：「老師，趕快講，這部份太重要了，我不想跑D.S.就是因為心理建設不夠，擔心這，顧慮那，也因此腳步就裹足不前了。」

我說：「有一句話講：「沒有永遠的成功，也沒有永遠的失敗，只有勇氣才算數。」但勇氣怎麼來？勇氣又怎麼能給我們力量？我想基礎還是基於我們內心深處那股想成功的慾望，因為自

後人造福。」

記得，要冒險——趁年輕。

【店訪的優點——理性】

店訪有許多優點，這些優點也會帶給我們更多的信心，強化拜訪時的心理建設，我整理出九個重點：

1. 客源無慮，量大人瀟灑
2. 無心理負擔，非親非故
3. 增廣人際面，提供各行各業不同的資源
4. 成本不高，損失不大
5. 時間管理更有效率
6. 物色增員對象，一兼二顧
7. 訓練膽識、建立信心
8. 強化訓練與輔導的功能
9. 單位經營在穩健中成長

每一條都是我們跑D.S.所能擁有的好處，我們透過理性的分析，大家細心去體會，就能增強我們拜訪時的信念，在我們的心理，奠定穩健力量的來源。

其中有幾點可進一步的說明，先看第三點、增廣人際面，提供各行各業不同的資源。因為我們拜訪的店多了，對各行各業就會有一些皮毛的瞭解，而這些資訊就是你繼續拜訪時有效的資源，如果能左右開弓，前後交錯的運用，只要轉圜得宜，會大大幫助我們與對方對話時的影響力。

因為我們拜訪的每一家店就是一種行業，如果在接觸的話題

中能夠多談談他的本業，也順道能把其他同業商店的狀況實際描述，適時加入話題當中，交談的深度就會增加，產生類似情報交換的效果，自然能吸引對方交談的意願，因為這對他的店的經營會有幫助，當然，無形中我們的業務也會有進展。此外，彼此溝通的話題也可以是其他行業，透過講故事的方式，就我們所看到的狀況，娓娓道來，但話題一定要能引人入勝，對方聽起來就會津津有味，如果再增加自己的一些詼諧的論調及看法，效果會更好。

前幾年我拜訪一家鞋店，一進店沒多久，老闆娘就對我說：「葛先生不瞞你說，現在都已經下午四點半了，你知道嗎？你是我的店今天進來的第一個「人」，不好意思這樣形容你，真的，今天除了前一個多小時有一隻流浪犬，趁我大門沒關緊偷偷跑進來外，事隔一個多小時，就只有你進來了，不過我看看你的名片，我在想你也不太可能會是我的客戶，所以今天開店到現在六個小時了，還沒有一個客人上門，不僅今天如此，最近狀況都不好，不知道是我的方法不對，還是那裡出了問題，之前生意都還不錯的啊！」聽她這麼一說，心中真是五味雜陳，感覺著實不舒服，流浪狗怎麼會跟我扯在一塊，但我們是業務員，聽聽也就罷了。

我說：「老闆娘，這跟妳的經營方式一點關係都沒有，也不是妳的店出了什麼問題，這是客觀環境的影響，兩個最重要的因素，「外在景氣」加上「內部趨勢」目前都是負向的，就算自己工作再認真，成績也會打很大的折扣，老闆娘妳的店開多久了？」「有十年了，應該也算老店了」。我說：「妳知道嗎？平均一家店的壽命只有七年，而妳的店已經通過前七年的考驗，目前生意不理想，就不會是妳個人的原因了。」講到這裡，我發覺

老闆娘漸露出喜悅的臉色。

　　我繼續說：「老闆娘，在這附近有兩家跟妳一樣自己開的鞋店，我最近也拜訪過她們，也都表示最近生意差多了，其中一位較年輕的老闆娘，還擔心生意再如此下去，會出問題。另外一位看起來比較老神在在，但也承認目前生意淡了許多，我從她們的神情中知道，她們衷心盼望春天的燕子能夠早一點回來。」「雖然沒往來，你說的那兩家店我都知道，原來她們現在的生意也不好，可是你說的第二家店，可是這附近二、三十年的老店，老主顧很多，奇怪她店的生意也會變淡。」「對方也是這麼認為，但老主顧來的不多，也是事實。」她又說：「看樣子還不只我一家店如此，那我就放心多了。」

　　「葛先生你們的業績有受到這一波的影響嗎？」「受景氣之累，我們也不好跑，但只要多拜訪幾家店就對了，反正上天不會虧待勤快的人。」「葛先生你這樣講有道理，我也要學你，現在就可以跟老客戶們通一些電話。」「既然老闆娘要忙了，我就不再耽誤太多時間，這裡有一張新商品的D.M.，這個月來已經賣掉好幾張了，妳可以過目一下，二分鐘我就可以介紹完。」

　　「葛先生我看景氣對你大概不會有影響，你業務的動作倒是很俐落，不過沒關係，你說說看，我也不急這兩分鐘，如果真的不錯，我會認真考慮的。」其實只要是「人」，天性上都會尋求生活或事業中的安全感，但這種感覺如果只是靠自己的觀點去說，我想效果不會太大，如果能夠帶到一些周遭發生的例子，對方就會想聽下去，對你的心防也就降低了。

　　增廣各行各業的人際面，還有一個意想不到的好處，自己想買的商品都會很方便，我自己全身上的裝備，都是在我客戶那兒買的，不僅價格便宜，品質更是沒話講。有一天，在辦公室有一

位同事問我，說他車子的保養廠關了，希望我能幫他介紹另一家保養廠，我只問了一句話：「我們這裡有十幾個行政區，你的車子想在那一區保養？」你看，夠瀟灑吧！

第四點、成本不高，損失不大。我們先看成本的部份，跑D.S.會有什麼成本呢？天氣熱怕脫水，一罐飲料三十元，影印一些D.M.二十元，來去商圈的車資四十元，加起來一百元都不到，這樣的成本真的不高，所以D.S.應該算是所有業務通路中成本最低的。

接下來我們再看看跑D.S.會有什麼損失？我常會問夥伴：「你進一家店拜訪，出來會少一塊肉嗎？」夥伴們都搖搖頭，我說：「既然不會少一塊肉，那我們何不從從容容大大方方的進去拜訪。」這時，突然有一位年輕但身材略胖的女夥伴舉手說：「老師，有損失，以我來講，我不擔心身體上多一塊肉少一塊肉的損失，但我認為會有精神上的損失。」聽她這麼一說，全場哄堂大笑，但大家也都明白她所說的損失是什麼。

我說：「商家不理睬我們，是非常正常的狀況，因為怕我們會有太多的業務訴求，但大部份的商家，態度都還算不錯，甚至有些商家會很體諒我們拜訪的辛苦，但也難免會有幾家店像周杰倫所唱『千里之外』這首歌時，上面外加三個字，叫『拒人於千里之外』，接觸時，言語中帶有諷刺，表情中充滿不屑，櫃臺上自已的名片，都被他的手指撥到了邊角，而且一半在外一半在內，擺啊擺的，就好像一個人站在懸崖邊，強風一吹快要掉下去一樣。但身為D.S.的業務員，碰到這樣的待遇，我們都要忍下來，也因為如此，才會突顯我們與眾不同，我們才有能力承擔未來更大的事業經營，心中只當作他們在訓練自己，一切也就沒什麼大不了了，如果我們真的覺得有氣難嗎，沒關係，心平氣和地走出

店來，然後隨你怎麼講嘛！一個字也可以，三個字也行，五個字就舒服多了，我最多的時候講過十一個字，講完之後，爽又痛快，有益健康，吹吹口哨，繼續下一家店的拜訪，就當作什麼都沒有發生過。」

　　講到這裡，突然有一個年輕的男夥伴急著問：「老師老師，那十一個字是什麼？」全場又是哄堂大笑，我說：「這十一個字就像周杰倫所演的電影名字一樣，是『不能說的祕密』，如果你們真想知道，我有另外十一個字鼓勵大家，就是『我一定要他成為我的客戶』。」所以我說跑D.S.最划得來，11號公車走到天涯海角也不花一塊錢，而且達到運動的效果。

　　第五點、時間管理更有效率。幾個月前有一堂「D.S.行前教育」的課，中間休息時間，一位夥伴跑來私下問我：「葛老師，你除了今天的課以外，有沒有「時間管理」的課？」我問他為什麼要上時間管理的課，他有點不好意思的說：「不瞞老師說，我每天早上起床，只有一個『亂』字可形容我自己，我已經從去年亂到今年，從上個月亂到今天，今天要不是我主管電話催我起床，我看今天我又會遲到，甚至不來了，老實說，這種日子不是我想要的，我真的不想再『亂』下去了。」我說：「我不會上「時間管理」的課，我只會上D.S.的課。但我有把握你上完今天的課以後，你只要認真的開始跑D.S.，一個下午三個小時，你就能拜訪二十家店，認識四、五位可再複訪的準客戶，傍晚回到辦公室，你會有很多資料要整理，晚上到家，你會覺得精疲力竭，睡起覺來都會很甜。」

　　「第二天一早起床，你會精神抖擻，急著想進辦公室，晨會結束後，你會馬上搶在電腦前列印準客戶的建議書，中午一過，你又會興致勃勃的出發了，而且多帶了一份期待的心情出發，

此刻的你，生活中只有一個字可以形容，那就是『忙』，忙碌的忙，可不是盲目的盲，你會從今天忙到明天，從今年忙到明年，會從明年忙到你保險退休為止。所以你不需要上時間管理的課，走出去，可以做的事就多了，時間的安排自然上軌道，你現在想上時間管理的課，只是因為你不知道每天要幹嘛！早上眼睛一張開，就會覺得無精打采，茫然若失，那是因為心情上少了對事業的期許與熱忱，所以時間多了，時間也就亂了。」

第七點、訓練膽識、建立信心。講到這一點，我是很不服氣的，許多店我們在進行拜訪的時候，真的不知道是誰在訓練誰膽識，往往的狀況是，我推門後只要我進一步，年輕的門市小姐就退一步；我再進一步，她身子都要退到牆邊了；等到了櫃台前，彼此面對面時，只見對方臉上是紅一塊也白一塊，都不知道是誰在怕誰，此時此刻就好像是我在訓練她膽識一樣。子曰：「三軍可以奪帥也，匹夫不可奪志也。」在戰場上，贏家永遠屬於士氣與信心多的一邊。

第八點、強化訓練與輔導的功能。跑D.S.不僅能發揮立竿見影的業務及增員的效果，在組織的運用上，D.S.更具有長期在訓練及輔導上的功效，我一直強調D.S.本身就是基本功的訓練，如果我們自己能夠擁有這方面的經驗，一方面自己的業務能穩定的發展；另一方面，透過D.S.的傳授與訓練機制，能有效解決夥伴們客源的問題。之前，單位中有一位夥伴業績上似乎有瓶頸，溝通後發現是客源的問題，此時我就會問夥伴，今天下午有沒有空，如果時間可以配合，我就會下午直接陪同他到市場實作，一則強化了夥伴的向心力，當然他眼前的問題也解決了，可說一舉兩得，好處多多。

所以說，根本的問題解決了，業績就會有起色，夥伴們參與

各項活動的熱度就會增加，負面的聲音變少了，正向的力量就會跑出來，這個時候你會發覺，在指揮系統上，夥伴更能接受我們的指令或影響，團隊會有志一同朝共同的目標邁進，過程中組織文化正加速連結，核心價值已深入人心，單位的識別系統也會愈來愈清晰，我們正開始打造一支剛鐵的勁旅，也在成功塑造一支優質的團隊，而組織的再成長與壯大應是指日可待。

【最直接力量的來源———感性】

最直接力量的來源，會來自實際拜訪的經驗，這些經驗會給予我們永不放棄的決心與毅力，讓我們的腳步更踏實：

一：快速的成交

對跑D.S.的夥伴而言，能夠第一次拜訪就成交，是多麼令人期待又興奮的事情，雖然我們知道大部份的Case都不會是如此，但我們還是滿懷希望，心想會不會那一天幸運之神降臨在自己的頭上，我想這也是跑D.S.的樂趣之一。有夥伴會好奇的問我：「老師，你跑D.S.這麼多年了，有多少Case是現場成交的？」我說：「現場成交真的是可遇不可求，但也不是遙遙無期，只要我們認真跑，一定會有現場成交的機會，就像打高爾夫球，打久了總會出現一桿進洞，何況我們現場成交的機率比它可大多了。

不是有一句廣告詞說：「持續吃，不中斷，更有效。」我把它改成：「持續跑，不中斷，久有效。」」夥伴們點點頭，我接著說：「我自己十幾年來統計過，有二十八位D.S.客戶是第一次拜訪就成交的，這還不含當時轉介紹的幾筆Case在內，平均下來大概每年也有兩筆Case成交，比例不高，但促成的那一剎那，興奮

之情真會讓人天旋地轉，就像中樂透一般，快活賽神仙，會有孟郊一詩中：『昔日齷齪不足惜，今朝放蕩思無涯，春風得意馬蹄疾，一日看盡長安花。』的那種春風得意狀，這應該算是人生第四件樂事。」

也因為能馬上成交保單，會讓自己面對下一家店時，是那麼的輕鬆又自在，搞不好背對背再來一支全壘打都有可能。所以能有快速成交的客戶對我們算是最大鼓舞的力量，因為我們能在短時間內博得陌生人對我們的信任，是千金萬金買不到的成就感，也會讓我們在爾後的拜訪中，如虎添翼，有如神助，何況這裡所指的快速成交，不僅是現場成交，尚包括短時間（三天內）或是第二、三次見面就買的客戶在內。

十三年前我第一次帶領D.S.的團隊，其中有一位夥伴服務於航空公司，雖然一個月中會有一半的時間不在國內，但只要他回到台灣，在地上的時間，就一定會參與我們正常的運作，且配合度不輸其他的夥伴。

有一天，我帶他在東區SOGO百貨後面的巷子市場實作，那天天氣不好，西北雨一直下，中間有幾次我們都得停下來等雨小一點再繼續拜訪。就當我們快步的行進中，突然雨又大了起來，這時看到一家女性內衣專賣店，也管不著裡面有沒有客人，為了躲雨我們兩個就衝了進去，還好沒客人，只有一位年輕的門市小姐在顧店，對我們來訪，態度很親切，面對我們兩個大男生也不會不自在，反倒是我們，看到四周陳列的商品，會有一點不習慣，我順道問了一句：「陳小姐！我們這家店會常有男孩子進來逛嗎？」「有啊！有許多是夫妻或情侶一起來的，也有單獨男生進來買的，當然不是自己用，應該是送給自己親愛的人。

不過，像你們兩個「男人」一塊進我們家店，可是劉姥姥進

98

量，每季的成交量或是累積的準客戶量，都要我們透過自己釐定出的數字，開始瞭解我們拜訪的狀況與進展，我們不要害怕面對數字，只有我們認真看待數字，數字才有意義，我們的拜訪才會朝正確的方向走，夥伴才能追尋自己理想的目標，過程中雖然會承擔適當的壓力，但只要我們按計劃進行，目標就一定能完成。

當我們能完成第一次設定的目標，下期的目標的完成就會成為一種新的挑戰，帶動我們的企圖心，也培養完成目標的「習慣」，D.S.的運作就能生生不息。事實上，成功者與失敗者之間唯一的差別在於他們擁有不一樣的習慣。

三：堅持行程不改

沒有人每天拜訪都事事如意，也沒有人每天拜訪都倒楣透頂，所以今天的不順利，不代表明天也是如此，更不代表始終會如此，所以對商圈的規劃及路線的安排，我們可要從一而終，最起碼三個月（一季）為一期，能不改變儘量不要改變，不論感覺自己跑的好還是壞，都要堅持自己排定的行程，而這中間最大的好處，就是能讓D.S.的作業能按計劃進行，我們只要按部就班前進，一定能夠日起有功。

四：堅持拜訪最後一家店

行經最艱難的旅程時，我們一次只需跨出一步，可是我們絕不能停下腳步。要D.S.能有進展，重點在於我們能掌握當日拜訪的進度，如果自己規定三個小時要拜訪二十家店，而「20」就是我們追尋的數字，但過程中處處都是體力、耐力與毅力的市場考驗，我們有時覺得心力交疲又力不從心，走久了雙腿痠痛得難

受，如果半途突然下雨，又沒帶傘，看著自己淋濕的頭髮，皮鞋中濕透奇癢的雙腳，真有不如歸去的感嘆。

所以走在外面的變化太大了，狀況也不少，而唯一不變的就是心中「20」那個數字，也唯有讓自己跑到「20」才能放下我們戰鬥的心防。

前一陣子看過網路上的一篇來自美國的調查報告，在這項調查報告中只提供一項問卷調查，對象是已經六十五歲後賦閒在家的退休人士，問卷的內容是：「請問在你年輕的時候，你認為最後悔的一件事是什麼？」發出問卷後，答案慢慢回籠，經過整理與統計後，發覺居然有87%的退休人士，回答了一樣的答案，他們都認為在他們年輕時最後悔的一件事，就是：「沒有好好認真地努力工作。」

這樣的回答，初聞之下真讓人吃驚，心情也隨之一盪，背脊傳來陣陣涼意，自己定了定神，如果這是真實的情況，就非常值得我們警惕，難怪之前聽別人說，在美國平均十個人之中，只有一個人在退休之後財富能夠自主，這與之前的問卷比例差不多，代表可信度算高的，所以我們一定要珍惜現有寶貴的時光，因為為明天所做最好的準備，就是把今天的工作做到最好的程度。

的確，人生One Way Ticket（單行道），沒有人會是九命怪貓，能夠擁有九次重來的機會，在上帝僅賦與我們每人一次的旅程中，你追尋的人生理想實現了嗎？你曾經信誓旦旦的願望，是離你愈來愈近，還是愈來愈遠。

時間的流逝，可是我們人生最無情的殺手，在一分一秒之間，我們在準備什麼？又在期待什麼？每個人的心都不一樣，但時間卻公平的對待大家。光陰的故事是這樣說：

當你二十幾歲走完，你再也聽不到別人說你是帥哥或辣妹了，取而代之可能是熟女或宅男。

在三十而立之年，如果你組織了家庭，當了父母，你會發覺自己孩子長大的速度，好像吹氣的氣球一般，大的好快，時間也走的好快，就像牆上時鐘的秒針與分針彼此在賽跑，看誰跑的快，看誰轉的多。

轉到了中年，頭髮開始白了，吃冰淇淋時牙齒開始會痛，別人對你的稱謂也變了，你參加的告別式開始比婚宴要多，對人生的體會，味道開始不一樣了。

來到半百之年，咕咕鐘下的鉛錘，下去的速度更快了，我們開始懂得回想與回憶，回首過往，百感千愁，而自己的情感突然間變脆弱了，任何周遭不幸的事情，都會觸動自己的淚腺，年輕時男兒有淚不輕彈，此時卻是雙袖龍鐘淚不乾。

一甲子終於到了，但身旁的朋友、親人開始少了，身邊的動物變多了，從前不屑看的連續劇居然會是你生活的重心，也不自覺開始把自己投射到劇情當中，想像劇中的自己，多麼生龍活虎，萬眾矚目，但回頭看著身邊的阿貓、阿狗，卻又相對無言，可真是歲月不饒人，心想「時間」麻煩你走慢一點，再慢一點，我的雙腳快趕不上你了，但事業卻在此時此刻慢慢地合上了幕曲。

對以上的描述，我並無意加深大家心情的負擔，但時間卻是這樣無情地不斷衝擊我們的生命，它的速度快到我們不知所措，眼見走過一天、一個月、一個年頭，經冬復歷春的過去了，歲月不就是如此無情嗎？元宵湯圓吃完沒多久，我們又準備包粽子

了，吃完粽子嘴角的香氣還沒散，天氣也還沒涼，中秋月餅來報到，冰箱的月餅還沒消化掉，冬至湯圓的廣告又出現了，沒多久「叮叮噹、叮叮噹、鈴聲多響亮……」聖誕老公公送禮物來了，代表「年終」大回饋；不到一星期，我們跟著千萬人看著絢爛的煙火秀，當我們也跟著大家「5-4-3-2-1」倒數計時時，新的一年終於來了，不論是舉杯慶祝，還是擁抱親吻，大家都希望新的一年，有新的氣象，但在「新年快樂」的互賀聲中，我們不也都老了一歲，高興的背後卻多了一份愁悵。

夥伴們，時間真的很殘忍，所以我們一定要把握現在的黃金時光，努力在自己的事業上認真打拼，因為你在拼的是一個我認為世界上最偉大的事業，也是最值得尊敬的事業。

因為當別人上班打混摸魚一樣在賺錢的時候，身為業務員的你卻必須全神貫注地面對客戶，賺你辛苦付出後的獎金；當別人上班睡眼惺忪一樣在賺錢的時候，身為業務員的你卻必須精神抖擻地面對客戶，希望能獲得客戶對你的信任，建立好的第一印象；當別人上班滿口酒味一樣在賺錢的時候，身為業務員的你卻必須神智清楚地面對客戶，提供專業的見解，解決客戶的保險問題；又當別人抱病上班一樣在賺錢的時候，我們卻連生病的權力都沒有，因為一臉的病容如何能夠成交保單；而看見別人中年發福，事業一切穩定的時候，我們卻要不斷的鍛鍊身體，保持我們戰鬥的體能與體態。

所以身為一位業務員，你是光榮的，你有捨我其誰的雄心壯志，但在奮鬥的過程中，千萬不要被環境所影響，不要被自己的惰性所打敗，也不要因為幾個微不足道的挫折而灰心喪志虛渡光陰，更不要因為幾個「字」而抱憾終身，如果是一個字叫「怕」，如果是兩個字叫「尷尬」，三個字叫「難為情」，四個

字叫「不好意思」，如果我們業務的工作一直被這十個字所包圍，而無法展現我們的行動力，等到自己一事無成，難道要我們再度面對同樣的問卷題目時，還是一句：「很可惜，我年輕的時候沒有好好努力工作。」

有一首民歌「匆匆」中一段發人生省的歌詞：「……人生啊！就像一條路，一會兒西，一會兒東，匆匆！匆匆！我們都是趕路的人，珍惜時光莫放鬆，匆匆！匆匆！莫等到了盡頭，感歎此行成空。」經驗告訴我們，成功最重要的因素不是能力而是善用時間；成功者是全心全力投入工作的人。

第四章 | 行銷策略

在上一章所提的「心理建設」，就是除了體力沒問題外，還要能培養我們安定從容的心境，加之更堅強的作戰使命，讓每一次的拜訪都是身心結合之下完美的出擊，如果再加上「智慧的整合」，才能贏得最後的成功。

而「智慧的整合」就是本章所要介紹的行銷策略，簡單的說，就是指在我們出發前，我們吃飯的傢伙——公事包，到底要裝哪些錦囊妙計？又如何透過這些法寶使我們的拜訪能夠面面俱到，全方位的開展；同時又能對準焦點，集中火力完成目標。而這些都與市場面有關，也讓我們慢慢進入更實務的領域，我分成四個層次來談，本章先談前三個部份，最後一部份我們在下章「拜訪步驟」中討論。

【 最高指導原則——戰略 】

　　所謂「最高指導原則」，如以戰爭而言，就屬「戰略思想」的層次，指導整體作戰的佈署。而在D.S.就稱為「最高指導原則」，所以在所有D.S.的運作過程中，與它牴觸者都要退避三舍，內容又是什麼呢？

　　其實也只有一句話，十個字，就是「先讓他成為我們的客戶」，這是我們拜訪的首要目標，也是最高戰略。我先前提過一個觀念，D.S.的訓練不是膽識與勇氣的訓練，它是F.Y.P的訓練，也就是成交Case的訓練，而Case不論是產險或是壽險都可以，金額大小都沒關係，因為成交馬上改變我們的身分，只要關係一變，可訴求的東西就會多很多，「緣故化作業」就可以接續進行，D.S.才能愈跑愈輕鬆。

　　記得有一位服飾店的老闆娘笑咪咪的，眼見我進來，她倒是老神在在的樣子，一派兵來將擋的架勢，從她的眼神中，我知道她可是一位老手，碰過的業務員應該不少，果不如其然，我話沒說兩句，她開口就講：「你有什麼資料可以留下來，我會看的，有需要，我會跟你聯絡，這是我的名片，給你們好交差，葛先生，我還有一些工作，如果你沒有其他的事，我就要先忙了，真不好意思！」

　　你看是不是一副老經驗，連你心裡想什麼？現在又想要什麼，她都瞭若指掌，但又不會失去彼此的和氣。當然我們也不能這樣就出來，要不然幾年的功夫不是白學了？

　　為了證明自己不是省油的燈，所以我也不甘勢弱地說：「老闆娘，根據我過去多年幾萬家的拜訪經驗，從來沒有一位準客戶在看完D.M.後會跟我聯絡的；真的，一個也沒有，我想妳也不例

外，應該會是那幾萬人當中的一位。」

她聽我這麼一說，停了三秒鐘，眼睛眨了眨，笑容又出來了，只是這笑很怪，說不上來，起身對我說：「葛先生，你真的這麼確定，我不會跟你聯絡。」看她有了回應，我馬上接口說：「我很慚愧，應該要回去反省才對，剛進門的時候居然沒有辦法引起老闆娘的注意，讓老闆娘以為我是沒有誠意隨便拜訪的業務員，難怪我拜訪了幾萬家店，只有一千多位客戶，要再改進！改進！」

她再聽完我這麼一說，眼睛的瞳孔睜得更大了，奇怪的笑容依舊掛在臉上，又說：「葛先生，我服了你，你是我碰過的業務員中最會講話的，這樣吧！你只要說出你們公司的商品種類，是我沒買過的，我一定現場就簽。」

我說吧！薑是老的辣，看她又開始一副老神在在的神情，我心想只要我說出來的，她一定回答都買過了，於是我繞了一個彎，對她說：「我們公司雖然不小，但商品也不多，我想我說出來的種類，老闆娘應該早就買了，我看今天大家有機會認識，就算結個緣，我真的很高興能夠認識老闆娘，而且我覺得跟你聊天，就跟其他家不一樣，有趣也有深度，我的腦袋要動的特別快，才能跟得上您的思維，所以我相信老闆娘生意一定不錯，除了這裡之外，一定還有其他分店？」「託福！你說的我不敢當，不過在前面一條街我還有一家小店。」「妳看我說的沒錯，不過妳在這邊，那家店怎麼顧，請小姐嗎？」「當然要請一位小姐，我又沒有分身。」「那她算你的員工了？」「小店小生意的，沒什麼大不了。」

「雖然小店，但是還是有些地方要注意，譬如她在店內的安全，就是我們要注意的，如果有什麼狀況，可都是我們雇主要

負責。」「謝謝你的提醒,我會注意的。」「那妳替她準備好了嗎?」「準備什麼?」聽老闆娘這麼一說,知道這個領域她可能還沒留意到,我又馬上接口:「我要說的叫『雇主責任險』,屬產險的一種,專門替雇主把關,承擔雇主經營事業的風險,讓老闆們都能安心做生意,無後顧之憂,而且不貴,只有一家店,員工又不多,一年大概只要三千多元而已。」

老闆娘邊看我說就邊笑,這回笑的好大聲:「唉呦!葛先生,講了半天,你也繞了半天,原來你是有謀略的,好了!我不玩了,這次算我輸,你說三千多元是吧?我也不食言,就跟你買這個雇主責任險。」「費用現在還無法精準,但絕不會超過四千元,因為產險有估價的過程,兩天後我會報個價給妳。不過,真的謝謝老闆娘,給我一個業務的機會。」後來這位老闆娘真的沒食言,買了那張「雇主責任險」,幸運的是,沒多久我又賣了她一張重大疾病加長期看護的壽險,一年可要繳八萬多元的保費。

所以先想盡辦法成為客戶,是多麼重要的一件事,緣故化的作業才能開始進行,如此D.S.戰略的價值就會出來,夥伴們在市場上一定要念茲在茲,隨時提醒自己,拜訪的最終的目的是什麼?所以我在這裡再一次的強調,我們拜訪的最高指導原則就是「先讓他成為我們的客戶」。

【行銷組合──戰術】

跑D.S.戰術的運作很靈活,主要是將我們公事包中的「武器」能夠交錯的運用。道理不脫離我們在行銷管理學上的四個P,也就是「行銷組合」,雖然這個名詞大家在許多行銷的課程中都會提及,但屬於陌生市場中的「行銷組合」,將會有不同的內涵:

第一個P：商品（Product）策略

陌生市場的經營，「單純」很重要，不僅是我們的思維要單純，連我們公事包中的商品都要單純一點，雖然各大保險公司的商品琳瑯滿目，優的、有特色的商品一大堆，但我建議夥伴們出門，公事包中的商品以不超過三個為原則。一種為投資理財類，一種為風險性的商品，另外再加產險中適合商店買的「商業火險」及「公共意外險」的套裝商品，共三種D.M.絕對綽綽有餘，如果產險還不熟悉，兩種也就夠了。因為商品是可以隨機變換的，雖然你只帶兩、三種商品，但手中的費率表或PDA，一查就可以出現幾十種商品任你選擇。

在這裡的商品策略我比較強調「主軸商品」的觀念，主要的策略，就是在我們進行拜訪的時候，我們會主攻一種商品，好處很多，一方面希望能夠製造市場的共鳴，引起店與店或人與人購買的連鎖反應；另一方面又能不斷強化我們的話術，熟悉到能夠舉一反三，對話的時候我們的反應力會很快，反對問題的處理也能應付自如，讓每一次的說明都完美無缺、無懈可擊；第三個好處就是，每一家店的狀況都不同，但如果我們能先把商品統一，然後我們在面對賣場的人、事、物時就會遊刃有餘，不會手忙腳亂，也不致腦筋錯亂。

我們所選的主軸商品，一定要是目前熱銷且普遍化的長效型商品，當然也要是我們自己覺得有信心且喜歡的險種，所以不論是保障或投資類型的都可以，但在經驗上，我會建議以投資理財的商品主打，因為在陌生的環境中，投資賺錢的訴求會比較容易切入，商家的接受度比較高，說到這裡有夥伴會質疑地問我：「老師，如果對方對你的主軸商品沒有興趣，其他兩種也搖頭，

接下來我們該如何處理？」我說：「不瞞你說，我的客戶中有一些當初所買的商品與拜訪時的主軸商品並不同，比例上有1/3強，原因在於當時在店內可能並沒有想太多，直覺上主軸商品好像不錯，也就允諾了我們複訪的要求，但回到家攤開D.M.，再對照自己多年未翻的保單，經過自己的整理後，心中便有了譜。」

等到我們複訪時，他會跟我說：「葛先生，你給我的D.M.我回去研究過，你的商品是屬於投資型，我想我目前不需要，而且一年保費要六萬元，也超過我的能力範圍，但是我發覺我的防癌險好像只有一個單位，現在看起來好像太少了，我的保險業務員幾年下來也沒替我整理過，每年只有收保費的時候才會看到人，所以我想知道你們家的防癌險怎麼賣？而且我有帶保單來，你幫我看一看。」他只要此話一出，煮熟的鴨子就不會再飛了。

要知道現在的人，可能是保單買多了，三折肱成良醫，他們對保險也都不陌生，有些人對商品的瞭解甚至比業務員還深入，而我們當初拜訪時，只不過是丟出一個引子，希望透過這個引子，在這個時機點，再度引起商家對保險的注意力，是不是買我們原來的那張主軸商品也就不重要了。

這也是為什麼我們不要準備太多商品的原因；另一個重要原因是，如果我們公事包中真的沒有一樣商品對方有興趣，反過來想，不也代表你已經跟對方談了一段時間，對方也願意聽你介紹完三個商品，這就代表對你是有信任度的，此時不妨提出保單整理的訴求，先以「擴大範圍」的商品策略因應，再透過整理、差異、比較的過程，找出購買點，一網打盡。所以我還是強調，拜訪時的商品能愈單純愈好，我們不過把商品當作媒介，透過商品把我們的專業與誠意傳達給對方，這才是我們拜訪的重點。

第二個P：價格（Price）策略

早期我帶D.S.團隊時，我會希望夥伴們能將商品的價位訂在36,000～60,000元之間，畢竟跑D.S.有辛苦的一面，總是希望夥伴們能多賺一些錢，但近幾些年，我並沒有再堅持商品價格的高低，主要是因為市場的競爭增加了，我發覺跑D.S.的人愈來愈多，為了達到「滲透」的策略，先成為客戶是我們首要的目標。

但有一點我個人還是希望夥伴們能夠注意，就是商品的佣金比，我希望我們在陌生市場所賣出保單的佣金不要低到只有個位數字，能夠收到高保費固然高興，但如果佣金不高，賺到的錢少，心情一定大受影響。

幾年前美國雷曼兄弟還沒關門，全球金融風暴還沒開始的時候，「連動債」的商品在保險業大行其道，就有夥伴問我：「老師，連動債的商品適不適合在跑D.S.的時候賣？」我說：「如果是緣故客戶，想中、短期投資收取比銀行利息高的報酬，應該是不錯的選擇，但在陌生市場，我並不建議你去賣，我不是說商品不好，只因連動債大部份是單筆投資，少則一筆都要二十萬元起跳，因為只繳一次，保險公司能給的佣金都不高，大概只有2%～3%之間，甚至有些保險公司為了增加這一檔期的銷售額，在規劃上會提高給投資人的報酬，相對地，業務員的佣金又下降了。」

試想我們在陌生市場賣出一筆五十萬元保費的連動債商品，合算佣金如果只有寥寥的幾千元，真會叫自己欲哭無淚，但客戶可是在高度的信任後才會將一筆寶貴的錢交到你的手上，這筆錢可能是他原來的定存，也可能是他省吃儉用後賺到的第一桶金，當然也可能是他退休的老本之一，因為金額不小，客戶會開心的對你說：「你看！我這一筆，就把你送到夏威夷去了。」

　　客戶以為給了我們很大的人情，我們卻是心事誰能知，有苦說不出，在爾後的業務空間上，會出現資金排擠的效果，短期內能賣出第二張保單的機率幾乎是微乎其微。所以能賺取合理的佣金是需要的，因為佣金就是我們的服務費，而且我們還要服務多年，適當的回饋，我們才能維持對客戶服務的承諾，好的服務品質才會帶來更好的口碑，我們才有機會服務更多的人。

第三個P：促銷（Promotion）策略

　　「促銷」可強化客戶購買的意願，增強我們的戰力，跑D.S.一樣要有促銷策略，而且運用的好，會發揮臨門一腳的效力，但我們的促銷，不像一般公司的大張旗鼓，也不須求投入大筆的鈔票，我說過跑D.S.的成本並不高，D.S.的促銷只不過在我們拜訪的時候，提供一份健康資訊或公司的期刊就可以達到很好的效果，也不會花我們很多錢，況且這些資料在我們的辦公室內，隨處可見，也隨手可拿，我們甚至連一塊錢都花不上。

　　俗話說：「拿人的手短，吃人的嘴軟。」只要對方接受我們的小東西，他就會給我們三分鐘的時間，而這寶貴的三分鐘，卻是我們大展身手的好機會，表現的好我們會創造下一個三分鐘，甚至三十分鐘，如果互動到最後對方都不希望我們離開，離成交也就不遠了。所以我自己在出門拜訪的時候，包中總要準備二十本的小期刊，而且體積不會太大，攜帶起來很方便。

　　另外有關A級或B級準客戶的複訪，除了帶應準備好的建議書外，通常我會隨身一盒口香糖，你一粒來我一顆，大家在香氣中溝通，效果也不錯。其中對於A級準客戶，我還會在回到辦公室後馬上寫一封感謝信函，掛號寄出去，如果有對方的e-mail，發

1. 訴求明確，進展快速

孫子云：「故兵貴勝，不貴久。」此處的「勝」就是速戰速決的意思，孫子指出進攻作戰應要該速戰速決，寧可「拙速」不可「巧久」，大家可以從1970年代的「以、阿六日戰爭」，到近年的兩次美國對伊拉克的戰爭中，看到速戰的影子；但如果進攻的一方，戰線一拉長，時間一拖久，最後一定以失敗收場，二次大戰的德國與日本的下場就是如此；美國在越戰及蘇聯在阿富汗的戰爭，也是因為拖泥帶水陷入泥淖而戰敗，雖是大國又待如何？

所以部隊作戰要求日行千里，夜奔百里的急行軍，也是在透過速度讓自己神出鬼沒，在敵人防不勝防中勝出，在歷史中我們可以找到太多這方面的戰例。而我們在陌生市場的拜訪，原本就是短兵相接，近身的肉搏戰、反應的快慢、步驟的掌控是制勝的關鍵。另外，也透過大數法則的運用，快速篩選質優的準客戶，會幫助我們省掉許多時間。「拙速」是很重要的戰法，我們寧可在賣場中說不清楚講不明白，也要掌握拜訪的速度。

有人會質疑，商品都說不清楚怎麼賣！其實有時候你說太清楚，反而不好賣，因為對方會沒有問題，就容易不了了之；不清不楚時，對方容易有疑問，只要對方提出問題，我們就沒問題了。但如果「巧久」，以為自己能說善道，其實對方早已不耐煩，自己還在賣場死纏爛打，畫面就不好看了，保單鐵定行銷不出去。

2. 產生對話機制，掌控氣氛

在賣場中成交與否的關鍵，全在是否能與對方產生良性的

對話，因為在良性的對話中，彼此的情感開始交流，信任度在增加，我們就能不斷地將自己的牛肉端出來，什麼是良性的對話？夥伴們只要掌握六個字：輕鬆、自然、順暢，也就是心情輕鬆，表情自然，說話順暢，加上如果能博君（卿）一笑，彼此的距離就更近了。

3. 能一次說完，不兩次解決

其實透過問卷，最終還是要面對業務的訴求，只是我們擔心一下子把身分及訴求說出來，會嚇壞對方，如能循序漸進，對方就容易接受我們。但我們想想，現在的賣場環境，有些商店一進去，對方看到我們的名片，嘴巴不說大概都知道我們是來幹嘛的，有些眼尖的商家，只要看我們男的穿西裝或女的穿套裝，就知道我們的來意，有的商家甚至會跟你說：「葛先生，你已經是我今天碰到的第三位業務員了！」語多無奈，所以有時直接了當一點會比較好，也比較快知道對方的想法，所以我認為能一次完成的，你不要分好幾次來完成。回頭想想，當我們每次雙腳踏進這家店的時候，不都是在各種交雜的心理狀況中，再經過沉澱整裝，而展現出的行動力嗎？就效率與氣力而言，當然能少一次是一次。

下面是一篇標準的演練資料，中間有許多的策略運用，也是我演練課程中常用的範本，夥伴們先看看內容，知道我是如何運用直接法：

初訪演練資料〈直接法〉

葛：小姐妳好！我姓葛，在××人壽服務，這是我的名片，
　　耽誤妳的工作時間非常抱歉！因為工作性質比較主動，

　　所以就破門而入了，還沒請教小姐您貴姓？

門：我姓章，你找我有什麼事嗎？

葛：弓長張嗎？嘿嘿不對，現在都說是工廠的那個張。張小
　　姐可是我今天碰到的第二位姓張的小姐。不過，眼前的
　　張小姐可比前一位看起來親切多了，前一位我進去時都
　　不太理我。

門：葛先生，我不是弓長張，也不是工廠的那個張，我是公
　　司的那個章，怎麼樣，比工廠張大吧！你知道的嗎？就
　　是公司裡很重要的「公司章」，沒有我，公司的貨會出
　　不去。

葛：抱歉！抱歉！難怪我看妳長的有點像漂亮巨星章子怡，
　　而且我發覺眼前的章小姐還是一位親切再加幽默感十足
　　的人，相信章小姐已經買了保險，不知道買的是那一家
　　保險公司的商品？

門：在××人壽，而且幾年下來買了好幾張了，繳保費已經
　　到能力上限了，我想我不需要了。

葛：哦！章小姐相當有保險觀念，而且購買保單的保險公司
　　口碑及形象都很好！非常值得長期擁有。不過我今天來
　　並非推銷保險，而是介紹一項在保險業前所未見的投資
　　計劃，我想三分鐘的時間可以讓章小姐對此一計劃產生
　　興趣，因為此一投資計劃就這幾年銷售熱況而言，已經
　　在市場造成一股風潮。有聽過「投資型保單」嗎？

門：有聽保險的朋友在講，但因為沒預算就沒買了。

葛：妳聽朋友講完之後覺得如何？

門：聽起來是不錯！好像是「基金」的投資，但目前誰敢
　　買？過去兩年賠的人一大堆。何況現在景氣還是不好，

每個月都擠不出錢來投資。

葛：我們若懂得逆向思考，危機入市，狀況就會不同。何況依我來看章小姐的個人條件及工作態度，未來事業的發展應不可限量，相對累積財富的能力及速度都應該比別人強，所以現在沒預算沒關係。不過可先聽聽看我的投資計劃後，未來再考慮都可以。

門：會很久嗎？我擔心老闆隨時會回來。

葛：絕對不超過三分鐘，說也奇怪，這張「投資型保單」前半年好像是市場毒藥，任我怎麼解釋它的好處，大家還是興趣缺缺；但最近三個月開始有人願意投資，光是上個月我個人就賣出八張「投資型保單」，我想應該是大家開始懂得吃便宜貨，也就是市場所說的逢低承接吧！章小姐我有一個小問題想問妳，先聲明，妳並沒有真的跟我買，只是假設妳投資了我的專案，五年之後，妳覺得會賺還是會賠？

門：嗯⋯以現在的環境來看，五年後賺錢的機會應該很大。

葛：英雄所見略同，時間寶貴，現在我就簡單扼要的說明（從公事包拿出D.M.，順手多拿出一份期刊送給章小姐），本商品為一基金與保險結合的投資，可擁有比傳統壽險便宜的壽險保障，又可享受基金投資的報酬，可說一舉兩得。其中基金投資的部份有三大特色，可從數十支基金中選擇最多十支來做組合，如果定時定額每月投資五千元，平均每支的投資成本只有五百元，因為不只選一支，又可達到分散風險的目的。一般基金的投資是有課稅的問題，而我們的投資因為適用「保險法」的關係，目前是完全免稅的。我們的「投資型保單」有國

內的基金也有國外的基金，有股票型的基金也有債券型的基金，有按地區分的基金也有依產業分的基金，依妳的喜好來組合，非常好玩！我這樣說明章小姐能夠瞭解嗎？

門：應該可以，但我還是要再研究研究。

萬：既然章小姐想要進一步的研究，那我明天這個時間再帶一份專屬於妳個人的「投資建議書」，這份建議書的內容相信在說明後章小姐更能清楚知道投資的方向。更重要的是，透過「複利」的效應會讓章小姐知道創造財富是如此的簡單。不過章小姐放心，說明這份建議書的時間不會超過五分鐘，章小姐明天應該有上班吧？

門：有啊！但你來我不一定會在耶！

萬：沒關係的，明天我的行程還是在這附近，因為這條街同妳一樣的門市小姐有二份建議書要送，如果妳不在我就把資料交給妳們的另一位同事保管，妳看這樣可以嗎？

門：好吧！

萬：對了！忘記跟妳討教一張名片？

門：這是我的名片。

萬：嗯！名字很好聽，而且妳看起來很年輕，應該是七年級生？

門：六年六班的。

萬：那妳太會保養了，難怪妳愈看愈像章子怡，那一天有空妳一定要把祕訣告訴我，回去叫我太太照辦。（看看手錶）不耽誤時間了，章小姐那我們明天見！拜拜！

門：拜拜

2. 間接法（投石問路）

　　我只有在進行陌生增員時，採取間接的方式訴求，而一份「問卷」會是投石問路時很好的運用工具。因為目的是「增員」，因此不會出現保險商品的訴求，但方向要抓對，狀況要瞭解，

3. 消費法（千萬不行）

　　先透過消費，成為商家的客戶後，我們再進行保險業務的訴求，這是很危險的做法，如果你正好有需要，當然買是沒有問題，但我們如果是因業務而消費，那就本末倒置了。如果每一家拜訪的店我們都要消費一下，最後的結果，保單不一定成交，家裡的貨卻一大堆，撐不了多久，就會出大問題，所以此一方式我並不贊成，如果真要消費，也要在對方成為我們的客戶後才消費。

　　記得第三次帶D.S.團隊，隊中有兩位女性夥伴，平時的穿著就很時尚，有一天出去拜訪回來，我就發覺有她們有點怪，但又不知怪在那裡？在回報作業時，當我走到她們身邊，看到她們桌上的名片時，覺得她們今天的名片少很多，跟往常不同，這時仔細上下打量，我才恍然大悟，原來其中一位穿黑長褲出去，穿紅短裙回來；另一位出去的時候比我矮，回來的時候卻比我還高五公分，腳上正穿著一雙很高很高的高跟鞋。我們其他夥伴下午努力的在拜訪，她們兩位小姐卻努力的在Shopping，真叫我不知如何說起，差很大，殺我也很大，可見賣場的誘惑有多大，我後來規定，所有夥伴出去拜訪時身上只能有五百元（來回計程車的車資），嚴禁消費。我們就是業務員，出去就是拜訪，沒有其他目

的，千萬不要搞錯自己的身分，讓工作變複雜。

　　要知道，保險商品本身就很難透過對價的關係馬上交易或交換，因為一般的商品大都是一次消費的性質，銀貨兩訖，交易完不管感覺如何？如果覺得物超所值，下回我們可以再去光顧；如果覺得後悔，以後可以不去，到別家店也一樣可以買到好商品。但保險不同，對方在考慮跟我們交易的時候，會想很多很多。

　　譬如，我們的誠意、給對方的信任感、自己的專業程度、彼此談話投不投機，最後才是商品本身的價值。所以保險商品除本身的數字外，重要在於後續的服務，買保險回家可是一下都感受不到它的好處與樂趣，而且心中還有苦楚，如此像書一般厚的保單，藏著密密麻麻的條款，看了都倒胃，但保險的真正價值卻是透過時間，當我們年紀愈大，身體在走下坡時，我們會愈來愈覺得它存在的重要性，因此服務的功能與日俱增。所以與經紀人的關係就很重要，因為服務的過程中，要通許多電話，見許多次面，如果能互動愉快，像朋友一般，買這張保單才有意義。

4. 結伴法（可行可不行）

　　如果我們能夠找到夥伴同行，當然是最好，一路的拜訪，彼此能照應，相互能支援，尤其遇到挫折感大的時候，彼此加油打氣加取暖，如此我們才有持續走下去的動力。但是如果我們是想找另一位搭檔，共同拜訪（兩人一起進入商店拜訪），想要降低拜訪的壓力，這中間問題會很多，我個人並不贊成，細節在後面的章節會說明。

　　但最主要的原因還是無法獨自單飛，訓練自己獨當一面的能力。但有一種結伴法我認為不錯，值得夥伴們學習，就是兩人同行，交差拜訪，一條街不分你左邊我右邊，兩人都在同一邊，

只是你單號我雙號，交差拜訪，但也不同時進行，而是你一家我一家的前後進行，你進去時我就在外面等，彼此有個協議，在店內以不超過十分鐘為原則，接下來我拜訪時，你在外頭等，等我出來後會跟你說：「我今天運氣不錯，進去只有五分鐘，居然能夠拿到對方的出生年月日，對方也答應我，過兩天可以再過來拜訪，算是A級的準客戶。」看你眉頭一皺，心中一緊，二話不說走進下一家店，居然十分鐘後才出來，一副神氣活現的樣子，說道：「一個人算什麼，誰叫我信上帝，上帝今天特別照顧我，我連對方一家五口的資料都有了，了不起吧！而且約定好明天下午四點帶資料來複訪，怎麼樣，更了不起了吧！算是我A+級的準客戶。」

如此一來一往有良性的互動，效果就會更好。如果是自己一個人拜訪，能夠自我要求，當然是最好。但人性上最大的弱點就是惰性，如果有人監視自己，我們也就不敢亂跑了，更重要的是，就算今天不想跑，話到嘴邊也說不出來，有個人在旁邊，對我們就有鞭策的作用，而且走在路上也能交換心得，默契會愈來愈好，等結伴同行成為一種習慣，苦差事就會是樂事一件，基本功的段數也愈來愈高。

但還有一個重點要注意，就是搭檔的選擇，許多夥伴會想如照老師前面所描繪，是不是找一位自己很麻吉的夥伴是最好，因為這樣合作起來會很愉快。我的看法正好相反，我是希望夥伴們能夠找一位跟自己有點黏又不太黏的搭檔。黏的是，彼此對跑D.S.都有興趣，也有高度的期待；不黏的是，彼此的人格特質，這裡所指不是要我們找一位個性與自己南轅北轍的人，應是找一位個性能夠互補的夥伴，如此才有加乘效果。

千萬不要小看搭檔的重要性，許多夥伴能長期在陌生市場經

營，就是因為有一位好的搭檔；也有許多人對D.S.從希望、失望到絕望，也是因為他只找到一位同甘的搭檔，三不五時跑網咖、喝咖啡、看電影，卻沒有找到一位共苦的夥伴，當錢不夠花，又賺不進來時，小組開始三天打魚兩天曬網，慢慢地，彼此有默契地不出去了，各有心結，帶著埋怨也就解散了。

5. 傳單法（不行就是不行）

這是跑D.S.不適用的方法，我們常看到一些業務夥伴，好不容易進入一家店，沒有一句話，放了一張D.M.在櫃臺上，就走人了，如果你是在外頭發傳單，也就罷了，但既然已經推門了，為什麼不多說幾句話，在賣場沒有對話就沒有成交，就算你送出一萬張的D.M.也不會有人跟你聯絡，因為雖然你進了門，但商家卻不認識你，少了接觸，他們怎麼會跟你買。

6. 客服小組與健診小組（值得一試）

這是在直接法與間接法中，另外找出一種可行的方法，冠上客服或健診的抬頭，有助我們拜訪時心理的安定感。這樣的安排，在接觸時有業務的性質外，又有對客戶服務的機制在內，能用兩種功能與對方互動，視賣場狀況，我們時而業務，時而服務，對剛跑D.S.的新人，是折衷且值得一試的選擇，因為有許多年輕的夥伴會問我：「老師，你講的直接法，我做不來，你能說的很多，但我能講的有限，透過客服或健診服務，我會有一個溝通的主軸，也就是當自己不知道要說什麼的時候，我會回到這個話題，再重新去尋找對方的購買點。」

我說：「你的說法，我能接受，但一定不要忘記，拜訪的主要功能，就是能夠與對方多一些的對話，如果能夠訓練自己不

靠一張紙去溝通，就儘量不要透過紙去溝通。我們的訓練就是要將許多紙，塞在我們的腦海之中，對話時，除了傾聽對方的講話外，其實我們的腦中正在翻頁，翻到適當的那一頁，時機對了，全力以赴，就能產生溝通的共鳴與力量，這才會是我們D.S.要培養的技能。」

以下是一篇健診的複訪的演練資料，大家可以參考：

複訪演練資料〈保單健診〉

葛：陳小姐妳好！××人壽葛京寧，又來耽誤妳的時間，請多包涵！

陳：你還真準時，不過店經理等一下會回來，可能跟你談的時間不能太久。

葛：不好意思！耽誤妳的工作時間了。不知道妳是否有帶保單來？

陳：在這裡。

葛：謝謝！我馬上幫妳研究研究，三分鐘的時間就可以了，如果妳工作上的事還沒有處理好可以先去處理。（三分鐘後）

葛：陳小姐其實妳的保單內容算是不錯，保費也很便宜，可見當初業務員有用心替妳規劃保險，其中壽險、防癌及意外險部份雖然五年不曾調整，但額度都算高的，我想這部份並不需要更改，而滿期後每年尚有不錯的「生存還本金」可領。一兼二顧，內容算是完整。這是妳的健診表，請妳先過目一下。

陳：葛先生想不到你的速度這麼快就能完成保單的檢視動作，這張表格是給我的嗎？

二：尋找「支援站」

在拜訪的當天，我希望夥伴一定要先找到一個支援站，支援站在我們進行拜訪的時候，會帶給我們許多的方便，但何謂支援站？何處又是支援站？支援站其實就是方便我們進出休息的地方。譬如麥當勞、肯德基、Coffee Shop等等都是，主要提供三個功能：

1. 它是休息站。

出去拜訪身體的狀況很重要，如果突有不適、感覺疲憊或肚子不舒服，想要有一個地方休息或如廁，我們就可以到附近的休息站，我自己從來不在拜訪的商店用廁所，賣場的應對進退應以商家的觀感為重，小地方我們要注意。

2. 它是集合點。

在小組或團隊運作時，這些地方很醒目，可方便我們集合人員及收隊之用，尤其當團隊人員多的時候，有一個在外面的集合點，夥伴們的狀況我們可以即時掌握。記得有一次集合各小組準備收隊回辦公室，但少了一位夥伴歸隊，大夥左等右等就是不見佳人芳蹤，手機不通，留言也不回，眼看天已黑，當下決定，其他的夥伴先由我帶回，請副班長在集合地點等她，約莫三十分鐘後，副班長回電終於見到她，原來是因為最後一家店談得不錯，時間一蹉跎，把集合的事給忘了，還好即時出現，讓大家虛驚一場。

帶領D.S.團隊，業績好壞固然重要，夥伴的安全更重要，尤其是女孩子，只要有安全顧慮的地區或商店，我們一定跳過，萬一

遇到問題，透過集合點的功能，在人力及資源足夠的情況下，我們能即時採取有效的因應方法。

3. 資源交換中心。

出門拜訪最怕的就是忘東忘西，最糟的莫過於，嘴巴已經帶到我們的商品，對方也很期待看到我們的商品，等我們伸手到公事包拿D.M.時才發覺，空空如也，左翻右掏，就是不見一張，雖然對方口中直說沒關係，但我們的拜訪卻因為這個瑕疵，失去了先機，相信自己一定覺得非常可惜。不過這個瑕疵，還只是造成可惜而已，還有一個狀況，就不只是可惜，簡直是可悲加可恨，恨自己為什麼那麼大意。

情況就是，在賣場中一切超順，彼此談的也不錯，對方對商品的認同度也很高，心想一年中難得的現場成交機會來了，但就在緊要關頭，致命性的悲劇發生了，「要保書」居然沒帶，自己除了搥胸頓足，當下真想把自己清倉拍賣掉算了，嘔死人了。怎麼辦，回辦公室拿嗎？來回也要四十分鐘，不要小看這四十分鐘，對方只要這中間打兩通電話出去，變化可就大了，一通聯絡自己的親人，變化率是80%，另一通是他的保險經紀人，變化率超過100%，等你四十分鐘後回來的時候，發覺店內怎麼多了一位跟你一樣穿著的人在裡面，你站在外頭兩眼呆視，這個時候再怎麼呼天喊地也沒用了。

要知道陌生拜訪本屬情境的行銷，我們是創造銷售氣氛的高手，對方願意接受我們的訴求，這中間有許多綜合的因素，但一定有我們出神入化、神乎其技的表現，對方才有意願現場跟我們買一張保單，但卻因一個小小的疏失，功虧一簣。但如果就在那疏忽的一刻，夥伴資料適時的支援，卻有亡羊補牢、起死回生的

效果，所以資源交換中心的功能，有其重要性。

三：拜訪工具的準備

工欲善其事，必先利其器。上一段中已經說明我們資料準備的重要性，如果我們自己能夠照表準備是最好，能不麻煩別人就不要麻煩別人，因為其他夥伴也在拜訪，他們的時間也很寶貴，所以我整理出十五項我們出門必備的資料如下：

1. 地圖一張
2. 教戰手冊
3. 商品D.M.
4. 輔助資料
5. 範例要保書
6. 空白要保書
7. 名片半盒
8. 範例建議書
9. 小贈品
10. 費率表或PDA
11. 新鮮小玩意
12. 幾張紙
13. 兩支筆
14. 手帕或小毛巾一條
15. 手機，請開振動
16. 空白名片十張

其中第二項「教戰手冊」，指的是我們準備的商圈的分佈圖及訓練資料，資料包括反對問題的處理及各項的演練資料，一冊在手，妙用無窮，它能即時輔助我們的銷售話術，讓我們的拜訪更順暢。

但還有一樣東西不要忘，一定要帶夠，要不然連拜訪都沒有辦法進行，那就是第七項「名片」，而且一次出門就要準備半盒（五十張），是你預定拜訪家數的兩倍以上的數量，我們拜訪偶而會碰到一些門市人員多的商家，名片的用量就會很大，有足夠的名片才能讓我們的拜訪不中輟。

此外，我特別強調名片的原因，是因為名片無法支援與交換，開玩笑地說，你能用別人的名片來拜訪嗎？如果成交了，客戶又算誰的？這些就變麻煩事了。最後一項是「空白名片」，我們拜訪的商家並非都有店卡與名片，如果我們拜訪到A級或B級的準客戶，對方又沒有名片時，空白名片就很好用，店名、地址、姓名、複訪的時間等等基本資料馬上就可以填上去，幫助自己進行記錄，也方便下次的拜訪。

四：服裝儀容

適當的穿著，會彰顯我們的專業；端莊的儀容，使我們看起來穩重又有活力。尤其是服裝的部份，屬大面積，希望讓商家一眼就對我們產生好的「第一印象」，要知道拜訪時我們所塑造出的第一印象，往往是成與敗的外在因素，所以衣冠楚楚，代表我們基本身分的象徵，許多夥伴會問我：「老師，跑D.S.我該怎麼穿，才恰當，才算衣冠楚楚？」

我說：「我們應該重視我們的穿著，但它並不是大學問，男

的著西裝，女的穿褲裝或套裝都可以，顏色深色系是最好，因為深色會讓我們看起來穩重、專業，也不易曝露自己的缺點，但夏天熱，男孩子西裝外套可以不穿，但襯衫必須是長袖的，看起來就會正式一點，也有替代西裝外套的效果，男孩子還要注意，領帶一定要打，但請不要打領結。」又有夥伴問我：「老師，一定要這樣正式嗎？」我說：「你們穿著的正式，其實是對商家的一種尊重，尤其彼此不認識，我們也不知道他對衣著儀態的看法，所以用一般大家認同的方式去穿，是最萬無一失的。」

這時又有一位女夥伴問我：「老師，我們可以再穿稍微輕鬆一點的嗎？」我說：「如果妳想穿出自己的品味與風格，又不失去我們應有的身分，我想妳會有方法，但一個前提，不要讓我們的穿著，看起來像是來這家店消費的客人就可以了。」

五：拜訪前，找地方讓自己沉靜十分鐘

下午三個小時的拜訪，是我們一天中的黃金時間，我們要集中全部的心力，畢其功於一役，就是希望能有漂亮的一擊，所以全心全意集中我們的注意力，是我們致勝的因素之一。

但我常看見許多夥伴，拜訪的時候總是愁眉不展、心有千千結的樣子，原因又不在拜訪本身，但又不知道在擔心什麼，始終無法讓自己沉靜下來，只要出了店門，立刻就打手機，邊走邊說，話還沒說完，突然間又匆匆地進入另一家店，當然三、五秒後又匆匆地出來，如果是這樣的拜訪品質及態度，還不如不出去，因為此時我們的腦袋還放著許多的雜事沒消化掉，所以我希望夥伴出門拜訪，不要操之過急，到達目的地後，可以先找一個地方坐下來讓自己沉靜一下，把影響自己心情的因素，譬如家人

間的互動、客戶的服務問題或一筆談很久卻談不成的大Case等等
困擾，都要拋諸腦後，讓我們的腦袋淨空，然後關上手機，享受
接下來三個小時單純的拜訪時間。

　　如此一定會增強我們在拜訪上的反應力，舉一隅而三隅反，
應對自如，且攻擊凌厲，只見對方節節敗退，自己內心喊爽，走
出商店都有一種很佩服自己的感覺，此時你會發現，拜訪前的苦
惱之事，也好像煙消雲散，不那麼重要了，畢竟眼前的Case是那
麼鮮明又那麼讓人充滿期待。

六：當下如何選擇要拜訪的商店

　　這個部份的說明非常重要，夥伴們一定要注意，我們常說錯
誤的決策，比殺人還恐怖。以D.S.而言，如果我們選錯一家店，我
們就會多浪費一份心力，如果走錯十家店，今天就不用玩了，鬱
卒的心情比偷懶不拜訪還嚴重，就類似我前面引喻的情況，所以
能走出正確的第一步，是我們D.S.成功的開始。以下在選擇商店上
有兩個重點，夥伴們一定要注意：

1.先知道那些不適合的商店。

　　這部份前面有整理出幾種類型，等我們真正在拜訪時，一定
要銘記在心，走在路上時我們就知道那些店我們可以跳過去，節
省寶貴的拜訪時間。

2.三秒鐘下決定。

　　我們走在騎樓，經過商店一半時，時間短則兩秒鐘，多則四
秒鐘，而那短短幾秒的觀察，卻是決定我們進去與否的關鍵，方

法是在我們經過這家店時，用我們的單眼（右眼或左眼）餘光，邊走邊瞄店內的狀況，瞬間我們就要下判斷，是否要進去，但是很多人會問，觀察的重點是什麼？

一：柿子挑軟的吃（新人的選擇）

跑D.S.的新夥伴，初期面對商家時，的確有心在打結的難受，但如果可以以循序漸進的方式，由淺入深的拜訪，是會強化我們拜訪的動力。而方法之一就是「感覺」，首先我們自己先感覺自己的身心狀況，接下來感覺要走進的這家店，自己是否會多一份信心，也就是說我們的腿會不會硬一點，手會不會有力一些，或者是我們看到門市時，對方給我們的感覺是生澀、老實的，而不是那種久經社會洗禮的練達樣，這就叫「軟的柿子」，要知道軟的柿子也是柿子，也會是我們準客戶很好的人選，我們先透過這樣的模式去入門，再透過經驗的累積，進一步去接觸一般的狀況。

二：店內要沒有客人

商店內如果有客人，是不適合我們拜訪的，如果我們進去不只不禮貌，商家也不會把心思擺在我們的身上，所以大部份的店，只要有客人我們就不要進去。但如果你覺得這店除了客人在之外，觀察店內各種的狀況，是值得拜訪的，我們可先暫時離開，先去拜訪其他的店，稍後再回頭來拜訪此家店。

此外，還有些店種，雖然裡面有客人，我們卻是可進行拜訪的，譬如DVD租售店、唱片行、小型書店（連鎖體系較不適合）及租書坊，因為這些店的店員薪水大部份是底薪制的，針對進門

的客戶，純以服務為主，你的拜訪對他們雖有打擾，但影響生意卻不大，是可以進去拜訪的商店。

有夥伴會問：「老師，租書坊也能去嗎？它裡面不是有一個閱覽區，常有許多人會在那兒看漫畫，我們拜訪不會影響他們的閱讀嗎？」我說：「其實影響有限，一方面彼此有點距離，只要我們說話小聲一點就可以，商家除取、放書籍外，大都是坐在櫃台內，要拜訪是OK的。」

三：選擇的商家門市人員不要太多

如果你是新手上路，我會建議剛開始只要找一位或兩位門市的店就可以，如果門市太多，自己一下子會招架不了，我們常說三個臭皮匠會勝過一個諸葛亮，你一個腦袋要激戰三個以上的腦袋，鐵定眼花撩亂，不知所云，但如果你已經有一段時間D.S.的經驗，面對多位門市應該不會是太大的問題，但門市還是不要超過四位為準，因為太多門市的店，已經不屬於封閉的對話環境，你們的談話如果有八隻耳朵在聽，就算找到一位可以主談的對象，但其他的人是旁觀者，也是旁聽者，保險有屬於個人的觀點或私人的狀況，太公開的場所，就不易達到溝通的效果，無形中也容易製造出旁人的干擾因素。

四：店老闆與自己的年齡不要差太多

我們拜訪應儘量找與自己年齡相若的對象，尤其當你的年齡在三十五歲以下，D.S.的經驗不到半年，我們拜訪目標的年齡層，向下以二十歲為下限，上與自己年齡不超過十五歲最好。因為年齡的背後，代表彼此不同的文化及價值觀，你的話對方聽得懂，

但是你訴求的意涵，在年齡的落差上，卻有著想法的不同，所表達的話語就會顯得不搭調。

以我自己的經驗而言，在三十幾歲拜訪時，會跟我買的客戶年齡層大都在20～40之間，到了自己年過四十再拜訪時，我發覺會跟我買的商家年齡層也在向上提昇，約25～55之間，自己年齡愈來愈大，雖然「老」可不是自己所樂見，但在D.S.的拜訪空間上，反而加大許多。如果你只有二十幾歲，就以我當作標準（四十八歲），只要對方看起來超過我的年齡，就先不要進去了，

這時有一位年輕的女夥伴對我說：「老師，你說的聽起來有道理，但我自己的拜訪中，就有許多老的像自己長輩的準客戶，只要我去拜訪，他們都很熱忱對我，好像把我當作他們的女兒一般，跟他們聊天也很愉快，我想遲早一定是我的客戶。」我問：「妳有多久D.S.的經驗？」她回答說：「三個月前開始跑D.S.。」我又問：「到現在為止，這些人有跟妳買保險嗎？」她說：「沒有，但有希望！」我說：「這個部份先不要期待太高，畢竟這種希望不會是事實。」我看她一臉困惑，我接著說：「這些人不跟妳買是有原因的：

第一、妳太年輕，他不知道跟妳買了保單之後，妳會做多久？保險是一份長期的契約，服務更是他重視的，他可不希望他在不久的將來成為孤兒保單的一份子。

第二、是刻板印象在作祟，他們都幹老闆幾十年了，認識保險或銀行的人一定不少，他心想要買保險跟這些朋友聯絡就可以，幹嘛跟一個我不相干的年輕人買，我自己走過的橋，可能都比她走過的路要多。

此時，對方一些似是而非的想法就會出來，所以聊聊無妨，

但要買保險就是另外一回事了。」她著急地問我:「老師!我對老人家有一種親切感,也習慣與他們的互動,聽你這麼一說,我該怎麼辦?」我說:「試試產險,產險一年一約,老闆比較沒有太多的顧慮,如果妳能仔細說明,他們購買的意願並不低,我自己許多年紀大(六十五歲以上)的老闆,當初就是透過產險的訴求,後來成為我D.S.的客戶,爾後再運用以產轉壽的策略,有部份老闆反而幫自己的第二代,甚至第三代買壽險。」

我們常說「物以類聚」,年齡相若本身就有吸盤的效果,像我幾年前拜訪一位二十歲出頭的年輕門市小姐,對我及商品都OK,但最後卻不是我的客戶,反而是透過我的拜訪後,她跟朋友介紹的一位年輕的業務員買了,突來的變化,真是不甘心,心想要死也要知道怎麼死的。一再詢問之下,她不好意思的對我說:「葛大哥,好巧耶!我媽跟你是同年的。我媽說,我們兩個相差二十二歲,很不適當,再過二十年你已經近古稀之年,我才四十二歲,你也不可能做一輩子保險,所以找年輕一點的服務會比較久。」

我苦笑了一下,她的說法好像我們兩個老少配,要結婚一樣,我說:「難道只要年輕,保險就一定做的久嗎?」她說:「不一定,但我跟他溝通起來比較有話聊,葛大哥,我媽還說,買保險就像兩個人要結婚一樣,可是要長相廝守的,我媽還強調,保險在我們自己年齡大一點的時候會比自己老公還重要,現在就要選好,也一定要保護好,如果那時身邊還有一個人幫我們照顧我們的保單,是最理想的。」

聽完她的話,我沒被她打敗,我倒是被她媽媽打敗了。所以D.S.初期,夥伴在選擇商店的時候,這是重點,一定不要忽略。

但隨著我們經驗的增加,拜訪也不能一直與年齡相若的商

家或門市身上打轉，要不然我們拜訪商店的頻率會不高，所以我們必須適當調整拜訪商店的型態，以漸近的方式，慢慢接觸年級大、老闆級的商家，就當作是訓練，沒有業績都沒關係，何況我的經驗中，如前所述，許多年紀大的老闆對產險商品的確情有獨鍾。但如果你的年齡已經在三十五歲以上，商家的年齡就不再是我們考慮拜訪與否的因素。

接下來就是我們進入店內所須俱備的戰技了。D.S.在賣場內的展現，也從這裡開始，我分成四個部份跟大家分析：

一：「垂直的拜訪步驟」

這是我們進入商店後所採取直線式的流程，我分成起、承、轉、合類似寫文章的四個步驟來進行，它是一個剛性的程序，夥伴們只要按照步驟，一步一步有條不紊，自然能掌控賣場的脈動，朝我們預定的方向挺進，最終完成拜訪目標。

1.「起」字。指的是接觸（禮貌性的介紹）。

如果是作文，這個部份最主要是要破題，但在D.S.，我們指的是破門。但在破門之前後，如何贏得好的印象呢？關鍵在於門前的三十秒及門後的三秒，進門前要正衣冠，深呼吸，開始微笑；進門後，短短的三秒內，我們必須繼續微笑，跨大步，起頭講話要中氣十足。如此這般，無非是在展現我們的信心，而信心卻是建立成功第一步的首要條件。

而破門後有兩個三合一的動作要完成。第一個三合一的動作是——腳要走，手要拿，嘴要說，到櫃台前這三個動作要一氣呵成，乍然停止。而另一個三合一的動作是指——嘴要說，但要

說什麼呢？就是介紹自己，說明來意，請教貴姓，三件事缺一不可。其中「請教貴姓」最重要，因為已經是你第一次詢問，也是對方回應的開始，知道對方的姓氏，有了稱謂，也方便彼此間的互動。另外一個重點，可就對方的姓氏開始，進行我們在賣場中所製造出的第一波高潮，主要是透過幽默詼諧的口吻做姓氏的比喻，讓他聽起來好笑又得到尊重，如此情感就容易釋放出來，也因此能讓我們在最短的時間內與對方進行對話的機制。

譬如你碰到一位李先生，你可以這樣說：「木子李，好大的姓，百家姓你們應該擺首位，你們家在古時候有一大堆當皇帝的，全是領導者，不用說，我看你一定是這家店的店經理。」我想此話一出，對方的抗拒就會少一些。「請教貴姓」是D.S.很重要的一門自我訓練的課程，在下一章中我們會有更完整的介紹，除了請教貴姓外，有些店我們進去時就要有不同的稱謂。

譬如到西藥房或藥妝店，看到人二話不說一律稱呼「藥師」，千不要稱呼先生、小姐，你叫他老闆或老闆娘都不若藥師來的好；到了診所櫃台看到小姐也一律「護士」長「護士」短，她是不是真的護士，也沒那麼重要；但有一種店的稱謂就像熊出沒，要小心，就是指動物醫院，千萬不要一進去就喊「獸醫好！」你得到的回應，應該會很平淡，但換成一句「醫師好！」不知道會好聽幾百倍，而且保證效果不同，所以適當的稱謂，要用對方的立場或喜好來考量，這是我們在稱謂上重要的原則。

2.「承」字。蒐集資料，尋找購買點（詢問法）

這個階段慢慢導入對話的機制，「承」的目的就是在為下一個階段暖身，讓互動開始有熱度產生，但彼此如何升溫卻是重要的戰技，這中間主要是透過「詢問法」來完成，而要問的問題大

都是我們事前準備好的。

譬如「小姐，妳應該買了保單？不知道妳買的是那一家保險公司的商品？」「一年的保費多少？」「目前的保單買了多久？」「有投資過基金嗎？」「有聽過投資型保單嗎？」「對投資理財的商品看法如何？」「你對未來的投資環境怎麼看？」這些重要的口袋問題，夥伴們一定要熟記，詢問法的重點在於，我們提出的問題大部份對方會回答，我們針對對方的回答，慢慢引導到我們主軸商品的訴求。

要知道在賣場中我們如果不透過詢問，就不會有互動，但是新人在這個階段會是比較弱的一環，常有夥伴很氣餒的問我：「老師，我拜訪商店時，常常進去十秒鐘就不得不出來了，都不知道怎麼互動下去？」我說：「你準備的問題太少了，而且並沒有熟記在腦海中，不過你只要多加強這方面的訓練就可以了。」

透過「詢問法」還有一個好處，你會發覺我們開始在掌控賣場，也在改變賣場的氣氛，原本在他賣的商品空氣中，「保險」的味道是愈來愈濃，我們讓對方都沉思在保險問題的思考中，當我們繼續發球，聞到濃郁的焦香味出來的時候，就該是我們把D.M.拿出來的絕佳時機，我們完全主導銷售的流程，對方的主場已經變成我們的主場。

這裡提供十三個對話的進程，兩兩一組，步步進逼，讓對方毫無退路，在十三招內攻堅成功：

我詢問（請教貴姓）→他回應→我再詢問→他回答→我進行細部問題的詢問→他回響→傾聽→他提出問題→我提出解決方案→他接受且信任→我肯定、欣賞加讚美→他開始喜歡我們→我提出商品訴求。

　　這十三招對話模式，涵概「承」這個階段全部的動作與技巧，其中1～6招為〈我→你〉的對話模式，屬直線的攻勢，透過力量，引出回應；第7招為「傾聽」，為〈我＝你〉的對話模式，且是中間的轉折處，是彼此想法匯流的點，他的說話讓我們知道他在乎的重點是什麼？我們也透過他的話語，開始尋找他的購買點；從8～13招，改為〈你→我〉的對話模式，攻擊的策略轉為提高自己專業。

　　在輕鬆、自然、順暢的對話中博得對方的信任，屬軟實力的展現，直到最後帶出商品。還有一個值得一提的重點是，我們詢問的問題，一定由「封閉」到「開放」，也就是說，對方的回答，由點頭到一個字再到一句話，然後是一個見解或是一個問題的提出，最後是他的心得或故事，如果他還願意跟你說些隱私，就代表他已經非常信任你了。

3. 「轉」字。切入商品的方向。

　　「轉」字在這裡分成兩階段來說，首先是在我們介紹商品之前，能先幫我們的主軸商品，透過自己的嘴巴加點溫，也就是促銷（Pomo）我們的商品，這是一個重要的動作，夥伴們想想，如果在「承」結束時，我們直接將D.M.拿出來說明，好像會覺得快了一些，也冷了一點，D.M.好像少了一點生命力。

　　我常看到通訊單位裡的業務高手，通常也是商品說明的高手，當他們在說明商品之前，一定會有一段話去烘托要介紹的商品，說明它的好處及市場的利基在那裡？當大家都覺得他說的有道理，我們也都很期待看到商品的時候，好菜終於出場了，這時候的菜可不是冷的，可是熱到冒煙，吃到嘴中那種鮮美滋味，我

們的表情會比電視上來賓表演的陶醉樣還逼真，這時他再把熟悉的商品話術，像是舞臺演員般娓娓道來，你會目不轉睛盯著他的商品看，自然展露出喜悅的神情及渴望擁有的雙眸，此時商品就像是我們身邊的情人，繼續透過他的牽引，我們開始牽著情人的手，一股暖流也上了心頭，彼此情投意合，到了這個時候，也該拜天地了。

「轉」的階段，就是不斷創造對方對商品的需求，所以跑D.S.時如果能先幫我們的商品戴戴帽子，說些好話，當我們寶劍出鞘時，寒光四射，絕對是對方注目的焦點，而那張D.M.就不再是一張紙而已，裡面的字躍然紙上，開始跳出令對方心動的舞蹈，如此一來商品就好賣了。

其次，商品的說明要簡短，二分鐘就要說明結束，不要落落長，在賣場沒有人會聽你講長篇大道理，但要能在二分鐘內將商品說明完，我們要懂得用「歸納法」整理出商品的重點，而且重點最多三個，兩個也可以，一個也不嫌少，主要目的是讓對方對商品能夠對焦，提高商品的吸引力，商品的重點當然見仁見智，每個人的觀點都會不同。

但我認為其中一定要有「數字」的訴求，如果都是文字，對方會沒有概念，數字提供他對照與比較的基礎，對方有關商品本身的反對問題，也往往是由數字開始。此外，講商品的速度一定要稍快，原因無它，只是我們擔心隨時會有客人進門，吹皺一池春水，有夥伴問：「老師，講快一點，對方會聽不清楚耶！」的確，對方乍聽之下會不清楚內容，不過在初訪時，商品的介紹清不清楚沒關係，畢竟這只是第一次見面，較詳細的介紹，只要在爾後幾次的複訪中說明即可。

4.「合」字。複訪的要求（遞送建議書）

我們前面所提的三個步驟，都是為了能有效的完成第四個步驟，也就是複訪的要求，所以初訪的目的並不是為了能夠成交保單，而是為了能有機會見第二次面。

此外，針對複訪的部份，有一點夥伴要特別注意，我們既然身為業務員，在業務訴求的過程中一定要發揮我們的業務特質，對方可以不接受我們推薦的商品，我們也不可能拿著對方的手簽要保書，但我們有行動的自由及「說」的權利，當然對方也有拒絕的理由，這一來一往是平等互動的，所以對方對我們的訴求是接受還是不接受，我們都必須要攤牌，也就是要Close的動作，我們要做一位能在賣場內展現自己的說明員，更要是一位能決戰勝負的終結者（收費員）。

我們知道電話行銷的目的，就只是在賣「面談」這個商品，而跑D.S.的初訪也不過是在爭取我們與對方再一次見面的機會，在說法上我不採用「二擇一」的方式，我常是以指定時間的方式進行，再配上詢問的口氣。

譬如說：「陳小姐明天應該有上班，如果可以，我明天下午四點三十分會過來，將一份專屬的建議書提供給妳，陳小姐應該在喔？」詢問的目的，只不過是我們再一次去瞭解對方對我們訴求的接受度。指定時間是因為D.S.的拜訪量大，行程的安排最好我們自己可以掌控。

第二、如果再加上借力使力法，譬如說：「明天下午四點三十分對街鞋店的老闆娘有一份同妳一樣的建議書要送，如果可以，我在四點會先來妳這邊說明。」

第三、消除抗拒法，「明天下午的說明，你放心只要五分

鐘，絕不會影響你做生意的時間，萬一你不在也沒關係，我將資料交給你的同事轉交給妳，不過還是那句話，買不買沒關係，投不投資不重要。」如此說法會降低對方的抗拒，達成我們初訪的目的。

我再重複一下「合」的三個重要方法：(1)指定時間加詢問法(2)借力使力法(3)消除抗拒法，這些都是非常實務的做法，如果我們已經有好的開始，那好的收尾更重要，因為能讓我們創造下一次見面的機會。

🎖️ 二：「水平的拜訪觀察」

進入店內垂直拜訪的步驟中，我們除了規劃制式的內容外，更重要是能掌控當下的情境及狀況的處理。所以我常說，店內的氣氛就像「水」一樣，你要有能耐將裡面的水，由冷水變成滾水；如果是用化學的角度來解釋，你必須能將對方由硬水便成軟水。要能有如上的效果，這需要我們細心的觀察，獲得更多眼前的情報，以隨時調整作戰的方法，因應快速變化的情境，讓我們的拜訪更順利。

所以它有潤滑垂直步驟的效果，又能發揮四兩撥千金的軟功夫，這個部份我稱為「水平的拜訪觀察」。剛好與垂直的步驟架構成一個十字的網，在賣場我們可以展開全面性的攻擊。如果起、承、轉、合謂之「陽」，這部份就是「陰」了，只有陰陽調合，才能成就完美的拜訪內涵。而我所謂水平的拜訪觀察，是中醫師看診、把脈常用的四個字：望、聞、問、切，透過這四字的運用，我們會很清楚判斷出客戶的需求強度，作為我們進攻時重要的情報來源。

1.「望」字。主在「觀察」,快速瞭解店內的人、事、物,用以增加安全感及信心。

　　許多商店並非我們從外面就能一眼望穿,因為許多商店的櫥窗玻璃是暗色的,也有些店的櫥窗為陳列商品或懸掛POP之用,還有的商店櫥窗上就貼了一張超大的海報,你根本無法瞭解店內的狀況,這時我們怎麼辦?跳過這家店嗎!如果下一家店也是如此,又當如何?反正不差這一家,也跳過去,如果一天的拜訪中有十家店因為這樣而無法進去,那我們拜訪店的頻率就會出問題,唯一的解決方法,也只有硬著頭皮進去了,進入店中,我們除了馬上進行前面所提「起」階段的兩個三合一的動作外,此時我們的眼睛也沒閉著,透過2～4秒到櫃台前的時間,不是要我們東張西望,而是用雙眼的餘光,瞭解三件事,

　　第一件是「人」,也就是這家商店有沒有客人在,另外要知道有幾位門市人員。

　　第二件是「事」,就是門市人員有沒有在忙,譬如正在佈置或陳列商品,亦或在電話中。

　　第三件是「物」,就是快速瞭解這家店的賣場大小,賣什麼商品?以上這些觀察都需要我們在極短的時間內同時完成,目的就是要讓我們對不確定的地形地物,透過觀察能夠了然於胸,一方面增強我們心理的安全感,另一方面心中也開始調整出可行的戰術運用。

　　有許多夥伴會有高度的疑惑,很不解地問我:「老師,太困難了,時間這麼短,又要觀察這麼多的事,還要同時完成幾個動作,我怕我辦不到。」我說:「在訓練上我必須細部的說明,夥伴才會知道其所以然,但在實務上,它是快速連串的動作,展現

在商家眼前的是如行雲流水般的順暢，中間看不到銜接的痕跡，但如果覺得一下子無法適應，我們就必須多花時間自我訓練。

我們可先練習第一個三合一的動作，熟悉後再進行第二個三合一的動作，然後合起來一起做，此時可多揣摩幾次，熟練之後再模擬店內的景況，加入人、事、物的觀察動作，反覆多練幾遍，你會發覺你每次使用的時間都在縮短，成效自然就會出來了。」

而一般我們在外面就可看清楚的商店，也有我們觀察的重點，其中大門到櫃台的動線與距離是最重要的觀察點，我們進門後走的速度，開口說話的時機與音量的大小，都與這一小段路有關，前面有提到透過服裝儀容，可建立好的第一印象。

而走這段路的3～5秒就是在建立好的第二印象，這時我們好像是模特兒在走伸展台一般，相同的是架勢十足，信心百倍，但不同的是我們笑容可掬。有些商店縱深很長，當我們進門後，還得小快步才能到後方櫃台，真是名副其實的跑D.S.，這類型的商店，每個商圈都有，但在夜市的比例多一些，一般夜市的商品大都沒玻璃門，而外頭熙來攘往，噪音雖大，也因為距離長反而不覺得那麼吵雜。

2.「聞」字。是一種「感覺」，接觸中，初步瞭解對方對自己的信任強度，用以決定攻勢的快慢。

這裡的「聞」不是叫我們用鼻子去聞，而是要我們用「眼睛及耳朵」去聞，會運用在垂直步驟中的「承」跟「轉」的階段，這時我們已經開始進行業務上的對話，如果對方的回答一直是封閉式的答案，或只是搖頭點頭之類的狀況，我們遲遲無法有效突破對方的心防，驅使對方說出更多自己的想法時，我們先不要氣

餒，也不要放棄，直接進入垂直拜訪中的第三步驟——商品的說明，之前可能口說無憑，但現在白紙黑字一攤，我們會進一步清楚對方真正的想法，也因此常會有意外的驚喜，會讓自己感受絕處逢生、柳暗花明的轉折快感。

　　所以我們在賣場內，就算前面鋪陳的不好，但武器一定要拿出來，你不亮武器對方永遠不知道你的訴求重點在那裡？所以從公事包中拿出D.M.是很重要的動作，當我們拿出D.M.說明時，要注意我們的眼睛，並不是直直地看著D.M.說明，而是看著對方的眼睛，觀察對方的神情在說明，如果我們眼睛也看D.M.，我們就不會瞭解對方注意的程度了，所以D.M.的內容，我們一定要背下來。

　　講到這裡，我們又有一個三合一的動作要完成，就是嘴要說，眼睛看對方，手指再引導D.M.的重點，如此我們才能「聞」到對方的心情，這是一種「感覺」運用的好方法，目的是透過對方會說話的眼睛，我們會知道對方接受的意願，用以掌控攻擊速度的快慢，如果一切順利，我們要快馬加鞭，如果嗅到方不安的神情或眼睛開始左顧右盼，我們大概需要進行第二次的攻勢。

　　此外，在D.M.說明的同時，如果對方將我們的名片釘在D.M.上或對摺起來，也代表我們的說明，將胎死腹中，沒得救了。當然也有一些商家在對話的時候可能沉默寡言，但商品出現後反而一百八十度轉變，對商品愛不釋手，要知道有些商家就是屬於商品導向的，此一部份年輕男性的商家會比較多，依我個人的觀察，商品的部份在整個拜訪的過程中，的確比較能引起對方的共鳴，畢竟眼睛見到的東西會比較真實，對方的信任也因此會強一些，我在市場實作的時候，常跟夥伴交代，進入商店後，先不要管自己表現的好不好，也不要在意對方的態度，如果自己有

冷場講不下去的時候，我們只要把D.M.拿出來說明就可以了。

3.「問」字。「詢問」還是重點。瞭解背景、工作狀況、投保的狀況，方便我們進行第二次的攻擊

當第一輪的攻擊對方的興趣不大時，我們還有第二次攻擊的機會，要知道我們好不容易進了一家店，不要走進去就急著想出來，我們應該善用我們的技法，進行第二次的攻擊，但在進行第二次攻擊之前，我們必須緩和彼此的情緒，先將商品跳開，回到垂直步驟中的詢問機制，不過這時候詢問的主題會比較生活化，暫時與業務無關，談談對方的家庭、子女、興趣、嗜好等等，只要找到對方願意聊的話題就好，先放鬆對方的心情，為第二次的攻擊暖身，孫子云：「運兵為謀，為不可測。」主要目的，就是要對方不知道我們現在要幹嘛，而一切的攻勢卻在他不知不覺之中展開。

但此時夥伴要注意時間的掌握，許多夥伴有時候會在這裡與對方聊個沒完，天馬行空一般，就像是脫了韁的野馬，再也拉不回來，自己失去了方寸，攻勢也亂了譜，下場可想而知。如果我們在交談中得知對方真正的需求或新的資訊，此時再將公事包中的第二個商品或自交談中得知的新的商品訊息拋出來，讓我們再回到垂直拜訪的「轉」與水平觀察的「聞」，重新再來一遍，搞不好會有意想不到的效果。如果還是行不通，我們只好鳴金收兵了。

4.「切」字。「判斷」客戶的等級，決定是否繼續溝通還是離開

　　無論是第一輪的攻擊或是有第二輪的攻擊，如果對方已經允諾或接受我們複訪的要求，算是我們A級或B級的準客戶，此時賣場就已經不是我們該留戀的地方，與對方哈拉一下，走為上策，當推門出來後，我都會回頭透過玻璃門與對方再打一次招呼才離開，這是我們在拜訪中要給對方的第三印象，小的動作卻有能加分的效果。

　　但如果連第二輪的攻擊都沒用，不要忘記，下一家店是我們永遠的希望。但有一種準客戶在進行第一輪或第二輪的攻擊時，對方已經願意侃侃而談，對商品也有高度的興趣，卻因為種種個人的因素，要接受商品可能還要有一段不算短時間，針對這樣的商家，我會歸類在B-級（B級準客戶又可分B$^+$、B 、B$^-$ 三級，也就是80～90級分、70～80級分、60～70級分，當然A級客戶就是90～100級分），也就是60～70級分之間的準客戶，不需要我們常來，想到或經過時就可拜訪一下，當作自己中長期的準客戶。

　　有一回拜訪，走進一家情趣商店，裡面是一位小姐在顧店，時值下午時分，是情趣商店客人較少的時段，看我進來拜訪，對方倒是滿熱情的，所以跟對方也就多聊了一會兒，交談中對我後來介紹的「投資型保單」比較沒興趣，反而問我許多醫療險核保的問題，後來她也不諱言地說，自己身體某個器官的指數目前超標，醫生說要好好休養個一年半載，只要身體好好保養，指數自然下降，一切就能恢復正常，所以她說這家店，她只從下午三點工作到晚上十點，之後老闆會來接她的班。

　　當我瞭解這些資訊後，當下覺得她是一位可經營的準客戶，

只是以她目前的狀況，投保一定有問題，所以沒允諾什麼就先離開了，心想不如且走且戰吧！但我並沒有因此忘記她，之後只要有同一地區客戶需要服務的時候，我都會順道去看她一下，這中間大概經過兩年的光景，有一回再見面，她直接對我說：「葛先生，跟你說一個好消息，這回醫院的檢查過關了，醫生說我的指數都正常了。」我說：「恭禧妳！針對兩年前妳所提的醫療險，我們現在可以送件核保看看，看好運會不會也跟著來。」她居然接受我的建議，經過體檢後，再經公司審核，最後的結果雖不是標準體通過，也附加了一些限制條件，但畢竟能擁有一張期待已久的保單，她就很開心了。這就是標準B⁻級的準客戶，只要我們認為值得追蹤，透過一點時間，機會總會站在我們這一邊。

綜合以上所言，起、承、轉、合、望、聞、問、切八字，是拜訪過程中的菁華篇，也是重要的戰技指導，值得夥伴們細心的推敲，好好運用這八個字的技巧，日有精進，陌生市場的經營，我們將會受用無窮。

三：拜訪過程中的三化

1. 對話的過程要生活化

我們希望拜訪的流程能夠在輕鬆、自然、順暢中完成，首先我們自己要不緊張，對方才會不緊張，我從來沒見過一張保單是在兩個滿頭是汗的人手中所促成的，所以我認為在賣場的說話氣氛，就應該像是下午我們與同事、同學喝下午茶聊天那麼愉快，也像是我們回到自己的家，與家人話家常時的親切又溫馨，如果

能將商家變我家，賣場變客廳，也就能無話不說，無「險」不談了。

2. 說明的動作要故事化

舞臺演員有一個特徵，就是說話的腔調、肢體動作都比較誇張，目的是為了突顯舞臺的效果，因為觀眾都是現場欣賞，如此的表演才能顯現表演的魅力與戲劇的張力。而我們在商品說明的部份，就應該要像舞臺演員一樣，身體要能手足舞蹈，搖頭晃腦外加點頭示好；說話時抑揚頓挫缺一不可，還要笑點不斷，有時輕聲細語再加點甜言蜜語，有時又鏗鏘有力、義正詞嚴；表情不只要擠眉弄眼，更要真情流露、楚楚動人一般，臉上還要一直掛著微笑，除唱作俱佳的演出外，更要十八般武藝全部出籠，銳不可當，尤其當四眼交射時，心中用力向對方吶喊：「聽我的，就對了！」可是這時你會發覺，他開始希望你能聽他的，他有好多話想要呼應你的演出，李白〈望廬山瀑布〉一詩云：「日照香爐生紫煙，遙看瀑布掛前川，飛流直下三千尺，疑是銀河落九天，」此時飛流可是直下三千句，傾瀉而出，滔滔不絕，他願意說的每一句話都是在對你表現拍手叫好，你將擁有三千次的掌聲。

3. D.M.的製作單面且黑白化

保險公司的商品D.M.真可說是色彩繽紛，製作得非常精美，讓人愛不釋手，內容更是周全詳盡，面面俱到，絕不會掛一漏萬，無非是希望夥伴們能善加利用，在我們的業務上發揮輔助的效果。但我們在跑D.S.時，這樣精美的D.M.，卻有可能是我們拜訪上致命的一擊。

原因就是色彩太多元，內容太豐富了，一眼望去，真會眼花撩亂，不知從何看起，連我們自己在研究商品時都可能一下子找不到重點。有一次我在賣場進行D.M.說明時，說著說著手指都不知道指到東南西北去了，而對方看起來也是一臉的茫然；更離譜的是，有些夥伴也會說著說著，在不知不覺之中，自己的嘴巴會忽然熄火，因為眼睛一上一下之間，真會找不到要說明的地方。如果D.M.是雙面的會更慘，一會兒正面說，一會兒又反面講，有時又正正反反找不到地方說，商家就好像看我們在炒菜一樣，翻來又覆去，笑果十足，自己卻還在手忙腳亂中掙扎，這場秀看樣子要掛點了。

D.S.本屬快打強攻，能掌握時間就能掌控脈動，而且自然能培養出好的銷售情境，而好的情境就是對方購買保險的良機，其中商品說明的部份如果能夠一氣呵成，幫助的力量就會最大，但如何能讓我們展現商品的力道呢？將D.M.單面且黑白化，是一個很好的技術性做法，因為黑白化後的D.M.只有一色，看起來單純多了，畫面也整齊不少，文字上雖然還密密麻麻，但我們可以透過螢光筆將我們準備要說明的重點標示出來，如此一來，對方就能一目了然。單面的原因也是希望能夠將D.M.單純化，我們要對方能夠對我們的商品有興趣，就要集中對方的注意力，此時我們的手就不要亂翻D.M.，翻來翻去可會影響對方的視線，造成對方注意力的不集中。

這時有夥伴急著問我：「老師，除了公司的D.M.外，我們自己可不可以製作我們喜歡的D.M.？」我說：「不建議，也沒必要，當然相關的規定也不行，只要我們能先將公司的D.M.內容徹頭徹尾的瞭解，整理出幾條夠說服力的商品話術，然後找出公司商品D.M.中最重要的一面，單面影印，然後加上螢光標示重點即

可，這樣就會是一張吸引人的D.M.了。」

四：出奇制勝

孫子兵法始計篇說：「攻其無備，出其不意，此兵家之勝，不可先傳也。」其中「攻其無備，出其不意」已是千古傳頌的名言，在歷史上許多戰爭，制勝的關鍵都在於此。

D.S.的作業，這兩句話也非常好用，而且效果會出奇的好，當我們在賣場中正準備把D.M.拿出來之前，我通常會講一段話：「陳老闆，不好意思！你在做生意我就不再耽誤你的時間，我這裡有一張D.M.，可以提供給你當作參考，如果你待會有空，工作之餘，可以去瞭解一下，之後如果有興趣，你有我的名片，可以再跟我電話連絡，一定隨傳隨到。」

當這段話講完，對方大都會笑容滿面，猛點頭接受我們的說法，但此時戰爭才真正開始，當你把D.M.拿出來後，你所要做的，不是準備離開店，結束拜訪；要記得，這時才是你攻擊的起點，把D.M.放好後，就直接說明，把自己準備好的話術傾巢而出，絕不嘴軟。

但千萬不要在這個時候畫蛇添足，加上一句話：「陳老闆，你有三分鐘嗎？我可以介紹D.M.內容讓你瞭解。」此話一出，白目加三級，你不是又再幫對方解套嗎？你根本不用擔心對方會有什麼反應或是有什麼動作，有的只是他會靜靜的在聽我們說明而已，這中間主要的原因，就是我們前面所提的「攻其無備，出其不意」在戰技上的運用了。

因為當我們說：「待會有空，工作之餘」時，對方心想：「哈哈！這個傢伙，就快走了。」首先，他一定會接受我們的

　　有一些年輕的夥伴，因為年紀不大，又擔心自己經驗不夠，往往在面對老闆級的人物時，會有點惶恐不安，所以我常跟夥伴溝通，老闆也是人，也要吃、喝、拉、撒、睡，跟我們沒什麼兩樣，而且大部份的老闆，態度其實是不錯的，畢竟他們大都是業務出身，很能體會我們的辛苦，勇敢的面對他們，你將有會有老闆級的客戶。

4. 其他門市人員的干擾

　　在賣場中最忌大小眼，如果有兩位門市，你只給其中一位名片或一張商品D.M.，試想你自己要是那位被忽略的的門市，心中又做何感想？許多事情表面看起來風平浪靜，當你離開後可是波濤洶湧，此時另外一位門市悄悄地開始反撲，她會對你之前主談的小姐說：「剛才那位好像是保險公司的業務員喔！我看妳跟他談的還不錯，他好像有提供一個投資的專案，我在旁邊有聽到一些，妳好像很有興趣的樣子，其實我跟妳講，我的保險經紀人那邊應該也有一樣的商品，尤其他算老資格了，保險的年資夠久，經驗又夠，他會依妳的狀況量身製作，提供妳所需要的投資計劃，相信未來的報酬也會不錯，他也因為夠勤快，常常獲得公司的頒獎及出國旅遊獎勵，我現在就撥個電話給他，他一定馬上過來，不買沒關係，貨比三家不吃虧。」

　　你看起的波瀾有多大，你的努力會因為一個小疏失而全盤皆輸，我們最怕就是有人在背後挖牆角扯後腿，我們在明，她在暗，簡直防不勝防。

5. 抱怨公司

　　這裡指的不是抱怨他的公司，而是抱怨我們的公司，碰到

這種狀況，我們以不變應萬變，勿與之爭論是上策。記住，在賣場一切以和為貴，他的保單先前又不是跟你買的，所以你無須背書，也無須與他爭的面紅耳赤的，我們聽他講，也聽他罵，我們只要在中間適時回應：「真的是這樣嗎？」「會有這種情形發生？」「我自己倒是沒碰過。」之類塘塞之詞就可以了。

如果開始覺得對方的罵聲稍歇，我們可以加一句：「這位老闆，如果真的造成這麼大的誤會，基於服務客戶的理念，我代他向你說聲抱歉！」我想身為業務員，要能在陌生市場過關斬將，靠的不完全是我們的勇氣，我們的身段要能伸、也能屈，就算心中不痛快，我們都要能站在對方的立場與心情去思考問題，如此我們才能心平氣和地面對問題，對方也不再會強人所難，往往就能化危機為轉機。

所以只要遇到類似的狀況，我們就是讓對方先說完，其實說完了，他的氣也就消了一半，我們雖然有點像出氣包，但是我們還是要慶幸，他願意對我們說出他心裡的話，我相信若有同公司其他的同事來訪，名片一遞，搞不好，他頭一撇，一句話都不說，不明究裡地他們就得出門了。所以能對我們傾訴，其實就是好事，我自己真的碰過幾位商家，說到最後無言以續，反而一句：「葛先生，我看這行業不好做，勸你早點離開，而且你這樣跑也很辛苦，那你今天的成績怎麼樣？」「還不錯，一路拜訪下來有二、三家店約好明、後天會再來，我這裡有一張他們認為不錯的商品D.M.，你也可以當作參考。」記得，永遠把自己放在謙卑的角落，在賣場我們就能創造出許多的業務空間。

6. 商家的保險業務員來訪

如果我們拜訪到一半，突然商家面有難色地說：「葛先生，

你看你一來，把我的保險經紀人也一道帶來了，他已經在門外了，怎麼辦？」碰到這種狀況，我們是繼續戀戰，還是就此離開？我認為，此時賣場已經不是我們的主場了，因為商家是跟對方業務員買的保險，假使保費一年五萬，十年共繳了五十萬的保費給了對方的保險公司，而且十年來，對方的服務都不錯，試問你跟他的經紀人站在一起，他會靠著誰，知趣一點，到下一家店再戰鬥吧！

7. 碰到其他業務員也在店內

這裡的其他業務員，就是指跟我們一樣跑D.S.的其他公司的夥伴，有時拜訪真會碰到，尤其門前有障礙物，看不清店內的情形，推門進去才發覺還有一位業務員在裡面，怎麼辦？來一場三方會談嗎？好像也不可行，還是告訴他，先進先出，該是他離場換我上場的時間；但他會跟你講，照理是我先進來，你不應鳩佔鵲巢，所以應是後進先出，但問題是，那也不是他的巢；還是三人沉默不語，讓空氣凝結呢？

有一句古話說：「狹路相逢，勇者勝。」在這個時候，我們一定要沉得住氣，但先聲奪人，在氣勢上要略勝一籌，你可以這樣對他說：「這位先生（小姐），好巧啊！這是我的名片，我姓葛，真是天涯何處不相逢，相逢自是有緣人，所以我們兩位都是業務的有緣人，而且都是跑D.S.的有緣人，你一定有許多拜訪的心得，不若這樣，我們那天出來見個面，我請你喝杯咖啡，聊一聊彼此跑D.S.的心得，你看怎麼樣？哦！忘記跟你討教一張名片了。」

通常對方只要聽到我這麼一說，心想：「哇！老鳥來了。」在心頭上開始有些緊張，自己的腳步開始自動往外移，口中：

「好啊！好啊！我們再約個時間，我還有行程，不好意思要先離開，拜拜！」一溜煙不見了，名片也沒有給我。你會問為什麼會這樣，其實這也不是他的地盤，他也在面對一個陌生的環境，如果此時再有一個陌生人進來，他真會挺不住，加上你的先發制人，他的武裝一潰散，也只有落荒而逃的份。

不過最無辜，也最無奈的，可算是門市小姐了，一雙眼睛吊在那邊，心想眼前到底是什麼狀況，到現在我連一句話也沒說，就進來兩個我不認識的人，看著你們兩個人，在那邊介紹來介紹去，邀請來又邀請去，還有說有笑的，我壓根兒也不希望你們兩個人進來，這可是我的地盤啊！

這時有夥伴問我：「老師，如果你講了一大堆，他不出去怎麼辦？」「能怎麼辦，他不走我們走，難道你要叫門市小姐走嗎？」夥伴們哄堂大笑。

二：最重要且最常見的反對問題

D.S.最常出現的反對問題，不見得在商品的內容，也並不一定在於個人購買的因素，而是在一進門後，馬上就會碰到對方的反制：「葛先生，依公司規定，賣場內不能接受業務員的推銷。」或是：「葛先生，門前有貼牌子——「謝絕推銷」，真不好意思！」要不就是：「葛先生，人家是舉頭三尺有神明，我們店是舉頭三尺有監視器，你的拜訪公司全都錄，你不信三分鐘內一定會有電話來。」還有的居然這樣說：「葛先生，你幫幫忙，行行好，如果公司知道我們在跟業務員聊天，一分鐘公司就扣我們十元，如果你待十分鐘我一百元就不見了，如果你賴著不走，我今天就準備做白工了。」好一個苦肉計，直叫人於心不忍，出去

吧！總不能為了自己的業務，反而害人家賺不到錢。

但當自己出了大門，回頭一望，剛好瞧見那位小姐好像用手指著我，有說有笑的，這下我可真佩服他們公司的訓練，對業務員的來訪自有一套因應的方法。但上有政策，下有對策，如果我們一再這樣被剃頭出門，也太沒有面子了，所以在策略上，我通常不會硬碰硬，而用以詼諧的方式開場：「小姐，再次說聲抱歉！影響到妳們做生意，所以我們公司也有規定，只要進入商店，一定要在三分鐘180秒內結束拜訪；我們公司還規定我們，在進入前一定要確定賣場內沒有客人，如果有客人，我們是不能進來的；最後是我自己給我自己的規定，一定要再一次的跟妳們說聲對不起，因為我們的工作性質要很主動，待在辦公室是沒有Case的，只有勤跑、勤走，才能糊口飯吃。小姐，不知道妳買的是那一家保險公司的商品，一年的保費是多少？」

她的公司有規定，我們公司也可以有規定，而且規定還多一條；她說會被扣錢，我們就說糊口飯吃，一來一往，只要兩、三句話就轉過去了，有如打太極拳一般，對方力道雖強，反手一推，我們就能輕鬆跨越障礙，進行接下來的拜訪。

三：請教貴姓

「請教貴姓」是我們製造賣場氣氛的第一道攻勢，如何能在拜訪開始前，就將氣氛打開，讓彼此都能在輕鬆自然的情境下對話。「請教貴姓」的運用就很重要，因為好的姓氏運用，會在賣場產生意想不到的好效果，我一般分成「通則」與「個別姓氏」的運用：

1. 通則

　　無論對方姓什麼，我們就套一樣的說法上去，譬如對方姓林，我就會說：「陳、林真是滿天下，不過今天不一樣，今天是林、陳滿天下，今天遇到的林小姐特別多，一路拜訪過來，妳已經是我見過的第四位林小姐了，不過感覺上，我眼前的林小姐是其中最親切的一位，不瞞妳說，前面三位林小姐都不太理我，而且我剛進門就發覺一個祕密，妳還是這四位林小姐中最漂亮的一位，相信林小姐已經買了保險，不知道買的是那一家保險公司的商品？」

　　以上這段就是一般的「通則」，當你不知道如何進行「個別姓氏」運用的時候，針對對方的姓，直接套上去說就對了，但要注意對方的姓，是大姓還是小姓，就像我姓葛，你總不能說：「今天一路拜訪下來，真巧，你是我碰到的第四位葛先生！」如此就太離譜了，你可以說：「葛姓雖然不多見，但這兩天巧了，昨天我也拜訪到一位姓葛的小姐，不過今天的葛先生看起來可比昨天的葛小姐要親切多了。」另外，其中還有一句「不瞞妳說，前面三位林小姐都不太理我。」這句話一定要說，因為此言一出，對方在現場還真的不好意思不理你，想要再說些其他的，自然就容易多了。

2. 個別姓氏

　　這是可以自主訓練的部份，而且隨時隨地都可以找到題材，包括同學、朋友的姓氏，都可以拿來想一想變成我們拜訪上的話術，也可以透過辦公室的夥伴的姓，講給對方聽，看反應如何？如果梗不好再換，直到對方覺得不錯為止。個別姓氏的運用，是

針對對方的姓氏借題發揮，達到個別化的效果，除了前面演練及範例中有提到的陳、林、章、張及李姓外，我再列舉五個姓氏，是我常運用的說法：

「黃」姓：「遍地是黃金的黃，我們兩個都吃草耶！但你不姓楊，我也不姓牛，但我希望你們家的客戶，能夠牛羊成群，生意興隆通四海。」

「曾」姓：「曾國藩的曾，也是孔子得意弟子曾子的曾。」「葛先生，你講的曾子我不認識，半夜會出來的貞子，電影我看過；你提的曾國藩是誰我也不知道，是古代人嗎？但是曾國城我認識，葛先生，曾國城你應該認識吧！就是主持節目的那個啊！」這位曾小姐是我在市場實作時碰到的，她的回答比我還絕，至今難忘。

「王」姓：「國王的王，那妳今天不是Queen，妳今天的身分是King，女王是也，這個姓真好，筆劃少，又一輩子高高在上，永遠高人一等。」

「沈」姓：「可是沈ㄔㄣ魚落雁之沈ㄕㄣˇ，一看就知道風華出眾，與前面的門市小姐就是不一樣。」

「劉」姓：「卯丁刀劉，那你應該看看我的身分證，我太太也姓劉，而且我的客戶姓劉的特別多，可能是頻率的關係，如此說來，你我應該很有緣份才是。」

大家只要用心去想，一定可以找到屬於自己的說法，但要記得，形容要恰當，不要牛頭不對馬嘴。講到「牛頭不對馬嘴」，碰到姓牛與姓馬的商家，如此形容就不太好，又譬如西施的施，就不要說成檳榔西施的施；王子的王就不要說成王子麵的王；畫虎不成反類犬，效果會適得其反。

四：肯定、欣賞加讚美，成功一大半

美國哲學家威廉・詹姆士（William James）說：「受人讚美是人類最核心的需要，要是有人說他一點也不希罕讚美，那他肯定在說謊，他不只是在這件事上說謊，在別的事上也是。」

的確，人在天性上是需要別人常說些好話的，我們常聽到一句話：「良言一句三冬暖，惡語傷人六月寒。」也是這個道理。我也常跟夥伴們說，人類過去的七千年，我想沒有一個人不需要別人的肯定、欣賞加讚美，如果未來人類還有七萬年的歷史，我相信也沒有一個人不需要別人的肯定、欣賞加讚美；在賣場如果我們能夠多說好話，效果就會有如神助，就算對方覺得我們有點矯情也無妨，在他（她）的心底一定會覺得甜如蜜。

所以唯有我們多說好聽的話，氣氛才會更融洽；也唯有多說好聽的話，對方對我們的防備才會下降；也唯有多說好聽的話，我們才能迷亂對方的心，找到我們進攻的良機。而肯定、欣賞、讚美六字就是我們多說好話的方向。

所謂「讚美」，指的是稱許對方的外型條件。譬如你拜訪遇到一位女孩子，各方面的條件都不錯，你可以這麼對她說：「小姐，我看到妳，就好像看見林志玲站在我面前。」當你說完這句話時，有的門市小姐會樂不可支，笑顏逐開；有的門市小姐會瞬間低下頭，臉都紅到耳根去了，但看得出心花是朵朵開；但也有的門市小姐會說：「葛先生，你的嘴沾蜂蜜了，說話這麼甜，我雞皮疙瘩都出來了。雖然你說的不是事實，我聽了也有點噁心，老實說我跟林志玲差太多了，但無傷大雅。」

可見人人都喜歡聽好聽的話，人人也就會喜歡說好聽話的人，就算有點小誇張，但也無妨，只要不要太過頭就好。這時有

夥伴會不以為然的問我：「老師，這不只是小誇張，Too over，噁心的要死，我只想跑廁所，這種話我一輩子講不出嘴。」我則說：「我剛開始的感覺跟你一樣，但我想我們並不是聽的人，而是要說好話的人，自己太主觀的認定，可能也有失偏頗，站在對方的立場去想，這樣的說法，就不會是件難事。要知道，我要訓練自己能講出這番話，廁所也去了不少次，但我發覺只要我們多說幾遍，掌握這段話的語調運用，然後配上表情、眼神，你會發覺同樣的一句話，每個人說出來的感覺會不同，有的真的會噁心加三級，但有的人說出來，就如同日常說話一般，讚美的功能就會被突顯，所以多說幾遍，這句話就會開始內化成自己業務話術的一部份，拜訪時順口而出，就變成非常自然的一件事了。」

但如果對方的各方面的條件都與林志玲差很多，你也可以這樣說：「小姐，我看見妳的眼睛，就好像林志玲的眼睛在看我。」如果整體的不行，我們就採用局部的，一樣行的通。所以舉凡五官、睫毛、髮型、耳洞、眼鏡、身上的飾品，甚至「刺青」都可以拿來當作話題，如果不懂刺青，用請教的方式也不錯。同一位夥伴又問我：「老師，如果連局部都找不出來怎麼辦？」我說：「不可能，找不出來只是你一時還沒發現罷了。」

不過也沒關係，我們還有第二項法寶，就是「欣賞」，就是指欣賞對方的內涵談吐。」你可以這麼說：「林先生，在跟你的談話中，我感覺得出來，你是一位頗有深度的人，見解很透徹，見識又廣泛，不瞞你講，我自己倒是有點緊張，怕你的問題我回答不出來，也怕我的訴求跟不上你的需求，但我出來拜訪，反而最喜歡跟像你這樣的人聊天，因為可以得到許多新的資訊。」相信我，你只要這麼一說，他一定先用手調調自己臉上的眼鏡，一副很自負的神情就會出現，這代表你已經說到他心裡想聽的

話，所以欣賞就是針對對方講話的內容、肢體動作、提出問題的深度，亦或對單一事件的看法，我們都可以拿來做文章，對他（她）加以「欣賞」一番。

最後要說的就是「肯定」了，就是對對方工作態度的肯定。這也是我們常在賣場中使用的說法，夥伴們要有一個共識，當我們進入一家店，不論對方在做什麼，發呆也好，看電視、翻雜誌也罷，我們都往好的方向去引導，講到這，大家可能會不清楚我想表達什麼，我用一個例子來說明，大家或許就會明瞭。

1998年八月，這時間我記得很清楚，那時正值盛夏，下午三點多，地面如火爐一般，天氣真的很熱，已經走了一大段路，揮汗如雨下，老實講，我看到的每一家店，我都想衝進去，原因無他，吹冷氣罷了。

這時來到一家快速沖洗店的外頭，窗明几淨，眼睛一瞄，裡頭只有一位小姐，但那位小姐好像趴在桌上打瞌睡，一下子我也不知道要不要進去；如果不進去，我可還要走上一小段路才有商店，在頭頂的太陽與店內的冷氣之間，我選擇了冷氣，於是就推門進去了，心想推門有聲音，門市小姐就會醒來，於是我推開玻璃門，但玻璃門一點聲音都沒有，反而有一個聲音是愈接近愈大聲，原來是對方打呼的聲音，我的腳用力地走到她的面前，還是見不到她的頭抬起來，算了，出去吧！反正冷氣也吹了，也涼過了，但心裡又想，既來之則安之。

試試看吧！也當作一個新的拜訪經驗，我順手在櫃臺上敲了三下，夥伴急著問我：「老師，她醒了沒？」我說：「終於醒來了，而且是很快就醒來了！」當下我又再一次見證了人性的奇蹟，她居然能在醒來抬頭之時，馬上用手順勢在桌上抹了一下，又將抹完桌子的手，向上順勢擦了擦自己的嘴角，還「吱」的一

聲，前後動作不要三秒鐘，一氣呵成，太完美了。

　　驚嘆之餘，心想她是不是每天都要做一遍，熟能生巧了，不過還是讓我大開眼界，其實她的下意識並沒有睡著，她也知道她在工作，睡著的只是她的身體，所以只要一有外力的刺激，她的下意識就馬上會叫醒她，而且她都知道她流了一灘口水在桌上，還知道用手去擦，人真是萬物之靈啊！

　　此時我與她四目相望，我也一下子不知道要說什麼，我看看她臉上是白一塊青一塊地，額頭上還紅一塊，手還沒忘記抽衛生紙擦啊擦的，我們彼此都很尷尬，我也騎虎難下，但總要找一個話題接下去，想了想，雖然她上班偷懶打瞌睡，我心急之下，想到的只有肯定她的工作態度：「小姐，妳們家的冷氣真涼，我都想賴著不走了，這種天氣真不適合工作，我還好，下午出來跑幾小時就OK，妳可是早上就要來顧店，講到顧店，妳們早上幾點開始營業？」「早上十點三十分。」「那傍晚會有小姐來接班嗎？」「沒有，我們行業已經開始走下坡了，我們老闆就請我一位門市而已，我一直要到晚上十點三十分才下班。」

　　「這樣，那妳不是一天要工作十二個小時。」「對啊！習慣就好！」此時她的臉色已經恢復正常了，我接著說：「我要是妳，我做不來。第一、妳們的工作時間太久，我坐不住，而且還要招呼客人。第二、休假不正常，假日要跟朋友出去，時間搭不起來。第三、出國玩不方便，要調個連續假期，可能半年前就要安排，何況現在只有妳一位門市小姐當班。而我現在的工作倒方便，事情交代清楚就可以出去了，所以妳能夠勝任愉快真不簡單。」說完這段話後，她開始面露微笑，「哦！對了，我一路拜訪過來有一樣商品，其中有幾家店的門市都很有興趣，我這裡有一張D.M.提供給妳當作參考。」順手取出D.M.往桌上一放，正要

開始介紹內容，就看見D.M.的右上角，慢慢滲水（口水），濕了一大片，尷尬之餘，我望著她的臉，瞬間又紅了起來，「小姐，這張D.M.妳就留著當作參考好了，我還有行程，就先告辭了。」走出門外，我自己在人行道上笑彎了腰，真是好玩的行程，奇妙的際遇。

　　你看，肯定對方的工作態度，可說的範圍還真廣，如果是好的情況就強化成為更好的氣氛；不好的情況，也要說成好的事情，對方有台階下，彼此才能互動。永遠記得，在賣場內可是好話滿天飛。

五：瞭解店舖的現況

1. 清倉拍賣的店。

　　不論是跳樓清倉，還是出租頂讓，亦或含淚拍賣，除了增員的原因外，我大都會跳過去。原因是店都要結束營業了，資金的狀況一定不會很理想，但有一種店，一年到頭都在跳樓清倉，掛的紅布條都褪色了，他老兄都還沒跳樓成功，而商店生意更是含淚帶笑，穩得很，這種店就值得拜訪。

2. 週年慶的特價期間。

　　通常此時商店會比較忙，客人總是絡繹不絕，賣場已非封閉的環境，我們必須見機行事，巧遇空檔，動作就要迅速。

3. 新開幕的店。

　　這還包含正在裝潢的店。這是我們一定要拜訪的店，新開幕

的店，對老闆而言，一切都是新的，裝潢是新的，商品是新的，當然事業也是新的起點，一切都充滿希望，而保險或投資的計劃也可以一起重新規劃；此外，新開幕的店，因為開店的時間短，進來D.S.的業務員還不多，類似軟的柿子；還有，開一家店，一定要準備半年的開辦費或周轉金，以因應調度，所以資金不會是問題。而正在裝潢的店，也是我們要記錄下來的，一般而言，已經在裝潢的店，基於租金的考量，大概兩週左右就會開幕，開幕後的第一週我們先不要拜會，因為商家都配有促銷活動，人潮會比較多。此外不論是新開幕的店還是開幕不久的店，「產險」的商品是我們額外可增加的訴求，而一般的接受度都不錯。

六：商家的特殊狀況

1. 門市小姐是孕婦。

首先要恭喜你，我自己只要碰到對方是孕婦，就馬上升級為B級準客戶，她肚子裡的孩子可是我們未來的準客戶，天下父母心，大部份的準爸媽們，都會在小寶貝生下後沒多久，就會讓他們擁有人生的第一張保單。針對懷孕的門市小姐，複訪時我都會帶一些育嬰方面的資料，只要多跑幾趟，她在月子裡可能就會跟我們買保單了。

2. 單身且年過三十歲的門市小姐。

現代抱獨身主義的女性愈來愈多，而且工作能力強，賺的錢不比男性少，會趁自己賺錢的高峰期，開始考慮退休後的生活及旅遊計劃，因而她們中長期的投資及儲蓄的意願會很高的。

3. 目前沒有保險的商家。

先不用太高興，他們到目前為止身上沒有保險，並不代表他們沒有買過保險，也絕不會是因為沒聽過保險或不瞭解保險的功能。應該有其他原因，譬如他的身體狀況，或曾經有過但中斷了，要不就是理賠上出過問題而不續繳了。所以夥伴們往往先不要急著問對方為什麼沒有保險，也不要白目地開始在現場說明保險的功能與意義，對方頭會昏，我則歐買尬上帝救救你。我們應該先跳過沒買保單的問題，按拜訪的步驟來，一步一步的推進，在互動中，對方自然會解釋自己沒有保單的原因，此時我們再對症下藥。

七：每日當中的特別時段

一般夜市，適合我們拜訪的時間約是下午2:00～4:00間，只有兩個小時；而傳統市場更短，只有約一個半小時，約在中午12:00～1:30間，要不然他們就關門了。

八：善用第三者及連鎖商店的影響力

1. 第三者成交保單的運用

我只要在某個商圈或某條街有成交的第一張保單，我會如獲至寶般地珍惜，且會好好地善用這張保單，但運用的方法不是叫商家幫我介紹，而是在經過對方同意後，善用他購買時所填寫的「要保書」，但我會將重要的個人資料塗掉，且收費地址我會寫當初他購買保單時店鋪的地址（如有異動隨時都可以變更），加

上要保書上購買的時間，我們將整理後的要保書影印下來，這份資料就會是我們的尚方寶劍，加重了我們拜訪的份量，一路過五關斬六將，讓自己戰功彪炳，為什麼會有這麼好的效果？

原因很簡單，一般人對於陌生人會有抗拒，信任度並不高，但白紙黑字的事實，又是附近的商家所買，他並不一定信任你，但他會信任你手中的那張紙，所以投保的意願就會提高許多，講不好聽一點，他心想沒關係，要死大家一塊死，反正又不是我一個人跟葛先生買。這種透過追隨及從眾的效應，如果我們掌握得宜，會形成一股購買的氛圍，保單會有如葡萄串般，一張接一張出現，此時真正卯死了，如果進一步我們能夠一次帶十張在一個月內成交的要保書影本出去拜訪，Case將會張張相連到天邊，一發不可收拾。但要注意，成交的是真實的Case，不是亂寫的，因為亂寫的資料對商家不僅沒有誠意，也因為並沒有此筆Case成交的過程，所以在話術的運用上，力道就會薄弱許多。

2. 連鎖商店的運用

現在的店面，連鎖商店愈來愈多，我們在拜訪上，連鎖商店的型態會很容易連結我們的準客戶，譬如佐丹奴民生店有一位門市小姐跟我們買了一張保單，如果那天拜訪到松江店時，這就會是一個很好訴求的話題，因為同一責任區的門市，她們大都彼此認識，無形中對我們的信任度就會增加，但一切還是據實以報，不要亂掰，要不然偷雞不著蝕把米，穿幫就不好看了。

九：小東西、大效應

我除了隨包會準備一些期刊或健康資訊送給商家外，在拜

訪過程中，我會看彼此互動的狀況，如果不錯，第二波的促銷就要出手了，我會準備一些益智的小玩意，體積不大，可在手中把玩，也讓客戶動動腦，增加一些樂趣，當然這些小玩意要無傷大雅，千萬不要拿出來的東西會把對方嚇一大跳，如果你還會一些簡單的魔術或是對星座方面有研究，都是在賣場中可發揮的個人特色，但千萬不要本末倒置，反客為主，而忘記我們拜訪的目的。

十：熟記拜訪七口訣（關鍵句）

1. 保險商品金融化，金融商品保險化。
2. 買不買沒關係，投不投資不重要！
3. 我這樣說明您能瞭解嗎？
4. 沒問題啦！我會規劃一份完整的建議書。
5. 不知道我明天……
6. 那就這樣，我們今天就讓這份計劃書生效。
7. 如果沒問題，我們還有一些資料要填，三分鐘就好了。

這七句話夥伴們一定要背下來，而且還要滾瓜爛熟的背下來，因為夥伴們只要是背熟了，在賣場中我們自然能不假思索的講出來，它會強化自己的反應力，在無形間運用這些話去轉折，讓我們的拜訪離目標更近一步。

十一：如何同時面對多位門市人員

一家商店如果不只有一位的門市人員，而是三、四、五、六位，甚至更多，一字排開，陣仗很大，我們怎麼面對又如何處

理？首先我們先將心情先穩定下來，按照以下的步驟自然能完成我們拜訪的目的。

1. 只找一個目標。

在賣場中我們無法同時面對多位門市說明，很容易顧左邊忘右邊，看著右邊，左邊的人也不見了。所以為了能有效率的進行接觸，我們必須只鎖定一個目標，也就是說，只找其中一位可談的對象，但又如何能正確對焦？遞名片時的反應會是一個很好的選擇的方式。當你遞名片時，有的門市看完就離開了；有的門市接完之後，開始低頭沉默不語；有的門市接完你的名片，反而一臉緊張樣；但一定有一位門市在接完你的名片後，會對你淡淡一笑，而那位淡淡一笑的門市，就會是我們主談的對象了，此時我們只要集中心力在那一位門市身上，其他的人都當作暫時不存在。

2. 我們必須縮短溝通時間。

如果彼此談的不錯，我們必須再約一個她單獨在或門市較少的時間，因為人太多了，耳目也多了，要談到保險細節處，可能並不是理想的時機。

3. 離開時，每一位都要打招呼，而且D.M.還沒給的，一定要一人一份。

我們絕不大小眼，尤其知道那一位是店長或店經理，一定要多寒暄兩句才離開。有夥伴會問：「老師，你又怎麼判斷誰是店長？」很簡單，有幾個標準：

第一、所有的門市人員中有一位不穿制服的，應該就是店

長。

第二、所有的門市人員都穿制服，但其中一位穿的更正式些，或胸前有別名牌的應該就是店長。

第三、站的位置不同，也代表位階不一樣，站前場或中場的，應為一般的門市人員，站在後方櫃檯中的應該就是店長了。

第四、年齡較長者，是店長的機會比較高。

第五、進行接觸時，最先講話的人可能就是店長。依照這五個標準找店長就不難了，有時候當我們一眼能望出誰是店長時，就不再需要注意遞名片的回應了，店長就會是我們直接拜訪的對象了。

十二：溝通時禁忌的話題

1. 政治主張及宗教信仰

這牽涉到太多的意識型態及主觀認定，我們在賣場中千萬不要提及，就算商家主動聊起，我們只要「嗯！」「啊！」「哦！」馬上轉換話題，千萬不要表態或發表自己的看法，以免節外生枝，傷了彼此的感情。只要是觸及此問題，就犯了兵家之大忌，我連自己很熟的客戶，都不會聊到這方面的話題，可見這些議題的背後有多麼複雜的因素和背景。

2. 工作收入或獎金的狀況

這是對方工作的祕密，對方沒有必要告訴你。將心比心，我們也不太願意大肆宣揚自己的收入吧！如果對方收入不錯，告訴你反而怕你有其他企圖；如果收入不好，我想他也會不好意思跟

你說，如此一來不如不問。

3. 勿介入門市人員與老闆間的相處問題

　　這是他們店內部的人事狀況，跟我們一點關係都沒有，不要此地無銀三百兩，自找麻煩。十多年前我剛跑D.S.沒多久，經驗也不夠，有一家店的門市小姐很健談，她已經在這家店十年了，她常開玩笑地說，她都嫁給這家店了，老闆也很依賴她，店內大小事情她說了算數，一副「我辦事你放心」的老練樣。她後來也跟我買了一張保單，因為去的次數多了，我跟老闆也很熟。

　　有一回去看他們，她看見我就說：「葛先生你來的正好，真氣人，我跟你說，最近我們店的生意不太好，我建議老闆應該有一些促銷活動，設法先將存貨出清，才能多留一些現金周轉或未來買新貨用，這樣財務才會靈活，眼前的狀況才能解決。想不到老闆卻對我說，生意不好是暫時的現象，前幾年也發生過，而且這些貨的成本都很高，如果低價出清，於成本不合，資金周轉他自會想辦法。我跟他爭執了半天，他講不過我，就出門了。」她又說：「葛先生你評評理，我說的對還是老闆說的對，而且我跟你說，他說他會想辦法，到頭來都是我在動腦筋找錢，好像跟他一點關係都沒有。」她看看我，停了一下，她又接著說：「葛先生你說我提的辦法對不對？」

　　我想了一下說：「照管理的角度看，妳的做法是對的，這樣雖有一時的損失，但經營的靈活度高，穩定度也夠，以目前的生意狀況而言，透過價格促銷，消化庫存，將現金數量提高一點，經營上才能細水長流，妳的做法也是危機處理的方法之一。」「對嗎！你學管理的，我就知道你會贊成我的說法，你等一下，我幫你泡杯茶。」就在這個時候，老闆回來了，我這位可愛的客

戶茶還沒泡就對老闆開口了：「頭家，你看我跟你提的沒錯，人家葛先生學管理的，也認同我的做法，你自己不要剛愎自用，不要不聽別人的建言。」

她這段話一說完，老闆瞄了我一眼，對著她說：「店是我的，我要怎麼處理，我自己負責。」講完掉頭又出門了，我這位可愛的客戶也生氣了，回了一句：「要死自己一個人去死，不要拖人一起下水，莫名其妙！」此時的我，三條線加滿頭大汗，心中真是五味雜陳，她也沒再提什麼，我茶也沒喝到，就溜之大吉了，但這位屬準客戶級的老闆，也在我「多話」之下，瞬間泡湯了。

4. 勿指導對方怎麼做生意

我會問夥伴一個問題：「如果你拜訪一家店，忽然進來一位客人，而商家並沒有要你離開的意思，反而叫你等一下，當下當然我們就在賣場等，但沒多久第一位客人還沒離開，第二位客人進門了，你會怎麼辦？」夥伴說：「幫他招呼客人啊！」我說：「我從來不在賣場幫商家招呼他的客人，那是他的工作，他們公司的訓練，絕對有跟他們說，只有一位客人的時候你怎麼招呼？兩位客人的時候你又該怎麼處理？如果有十位客人同時在店內時，你要如何去應對？」他們絕對有解決之道，不需要我們操心，除非門市有開口要求你幫忙，你才開口招呼客人，要不然我們千萬不要插手，如果你插手去招呼客人，最後客人買了，其實商家並不會因此感激你；如果對方最後沒買，全部的帳都會算在你的頭上。

此外，自己也不要學了一點做業務的技巧，就在賣場大放厥詞：「陳小姐，我跟妳講，剛才那位客人很可惜，本來是會跟妳

　　此外，男女體力畢竟不同，女孩子拜訪的時間可以少半個小時，還有我會建議女孩子在拜訪時能穿平底鞋就穿平底鞋，如有氣墊的是最好，不要太在乎自己的高矮，穿高跟鞋跑D.S.不是一件聰明的選擇，要知道走路舒服，我們才能走的久。

　　另外一個考慮因素，就是季節，冬天不到五點半天就暗了，所以我們下午的拜訪，可提前半小時作業，有夥伴問：「季節有什麼影響？冬天不過就是冷一點罷了，為什麼我們要提前半個小時，難道我們拜訪一定要在白天嗎？」我說：「人很奇怪，一到天黑，活動力就特別強，除非外頭颳冷風、下大雨，要不然只要地是乾的，就會想出來逛，無論是大街上或是夜市，人潮滾滾，上班族也好像會提早下班，什麼道理我也說不上來，只是實情就是這樣。

　　所以在冬天傍晚五點半以後，消費的人潮的確會多許多，我們拜訪的進行就不會那麼順利。」當然，我們的拜訪絕不是只限於白天，像複訪時，有時候跟商家就會聊的比較久，出門後常是滿天星辰了。

　　行程表中的第三部份，就是6:00～6:30的時間，我們有七件事情要完成，每一件都很重要，我們務必要認真記錄或填寫，而且一定今日事今日畢，在辦公室內完成，這些事千萬不要帶回家處理，因為你回到家中80%是不會處理的。夥伴還要注意其中第七項：反省及記錄拜訪重點，這一項很重要，當所有前述事情都完成後，我們一定要花五分鐘的時間讓自己沉靜下來，回顧今天下午拜訪的狀況，一家一家地去回想，一有心得或不錯的話術我們就要記下重點，而且一些自己表現不好的店，原因又在那裡？只有這樣做，我們吸收的效果就會不錯，功夫就會大幅進步。

🕒 三：每天適當的拜訪量

人吃飯有一定的胃納，暴飲暴食，容易消化不良，嚴重還會上吐下瀉，苦不堪言。跑D.S.也是一樣，在固定的時間內，我們的拜訪量要平衡，不要今天少幾家，明天又多幾家，儘量能夠平均每天的拜訪的家數，我們就能將自我身心調整在最佳的狀態，用熟練的技巧加上十足的氣力，輕鬆面對挑戰，我們將無往不利。

如果大起大落，我們身心會不平衡，一會兒太熱一會兒又太冷，要不講話調性太僵硬，要不口無遮攔抓不到講話的分寸，如此都不算是完美的表現；就像車子一樣，發動後最好熱車一下會比較好開，車速太慢太快都耗油，如果能保持時速六十公里是最省油的，也是車子性能好安全夠的最佳狀態；子曰：「過猶不及也」就是這個道理。

那我們每天要跑多少家才算正常，根據多年的經驗，男孩子一天三個小時初訪，要有二十家店，如果還有複訪行程，初訪就減少五家，但一定要在十五家以上；複訪的家數，以三家為上限，儘量不要太多，因為複訪時，我們要付出的心力會更多，所以保持適當的體力是必要的。

女孩子的初訪依男孩子的家數再少五家，但複訪的家數不變，以三家為上限。記得我第一次帶D.S.團隊時，班上就有一位年輕的夥伴，衝勁十足，前幾天的拜訪，每天都超過三十五家店，但一個星期後，體力就明顯撐不下去了，他還苦笑的跟我說：「班長，怎麼我現在只要看到商店，都有點倒胃口。」還好那時他有主動提，我們才覺得不對勁，馬上叫他休息了三天，然後再慢慢調整他的拜訪量，他的主管也在一旁心理輔導，最後終於安渡了難關，要不然一延宕，他一定爆掉。

　　所以不要一下子硬吃、硬撐，如果我們自己覺得進度有點落後，慢慢增加就行，要不就額外選一天補齊也行，有夥伴問我：「老師，我並不是每天出來拜訪，一星期只有一天，那我可不可以多拜訪一些店？」我說：「這倒無妨，但也不要一次超過三十家店，因為一次拜訪太多的家數，就會影響你的拜訪品質。」

　　在D.S.作業的過程中，你可以對你的主管提出適當的要求，就是一個月中只安排一天，就在你拜訪日的當晚6:30～7:30，能跟主管雙向溝通，你可將這個月來拜訪的心得，跟他報告，也可以將你的問題提出來與主管討論；直轄主管則可利用這個時間，一方面瞭解轄下夥伴作業的進度，也可利用這個時間給予夥伴更多精神上的支持與鼓勵；主管還可以跟處經理溝通，安排夥伴利用晨、週會的時間上臺分享拜訪的心得，這對跑D.S.的夥伴會是最好的鼓舞，尤其是他們在整理上臺演講內容的過程中，就是最佳的訓練過程。

　　因為透過資料的整理、整合及記錄，再歸納出重點，最後成為有系統的講稿，這份資料就會是別人搶不走的法寶，再透過講台，侃侃而談，自己的印象就會更深刻。再進行市場拜訪時，成效就會不同。

第八章 ｜ 問題處理

　　D.S.的問題真是千頭萬緒，要注意的細節又特別多，而且每個細節我們都馬虎不得，稍有閃失，煮熟的鴨子瞬間就會飛了。本章節提出的一些狀況和問題，是夥伴們在作業中常出現的錯誤，但往往又不自知，而本文所述，就是希望夥伴們能小心再小心的

189

應對，就能有效地降低我們的失敗率。

一：店內的規範

1. 穿著應正式
2. 勿觸碰店內商品
3. 沒經對方的允諾，請勿坐下
4. 商家提供的飲料儘量不要喝
5. 口中勿嚼口香糖
6. 勿接手機
7. 如有來店客，勿與之交談
8. 如果商家有電話來，請停止業務訴求
9. 注意本身角色，勿當消費者

其中有幾點要跟夥伴進一步說明：

1. 勿觸碰店內商品

在賣場中我們的身分就是業務員，拜訪只有一個目的，就是如何有效地將一張保單行銷出去。為了堅守我們的身分，首先在賣場中千萬不要用手去拿或碰對方的商品，甚至連標籤都不要看，這不僅是我們在賣場中應有的禮節，更何況我們只要去碰了對方的商品，我們的身分就開始改變了。

要知道，商家也要做生意，所以他們也是業務導向，只要你一出手（接觸商品），對方眼一尖，一句話就會下來：「葛先生，這款商品目前正流行，而且還有特價，我們店最近賣的很好，後面有試衣間，要不要拿下來試穿看看？」只要對方此話一

　　白板上的第一點是複訪的成交率。許多夥伴會在複訪上抱有很大的期待與希望，這也是我們正常的心情，但我們現在再看看一些數字，畢竟數字會說話，我先前提過我們初期拜訪時的成交率是百中取一（1/100），而準客戶的比例是五取一（1/5），我們將以上數字套入一個簡單的公式：$1/5 \times (X) = 1/100$，會得X為1/20也就是5%，而X所代表的就是準客戶的成交率，也就是說二十位準客戶中只有一位會成交（前三個月），其他的十九位應有一半，即近十位已經由A、B級的準客戶直接到C級以後去了，也就是以後不用再拜訪的客戶，剩下來的八、九位準客戶，還維持A級或B級的水準，但變成我們要多花一點時間經營的緣故客戶了，所以我們如果能夠體會1/20的意義，面對複訪時對方態度或購買意願上的改變，我們就能大大的釋懷了，但我們也不要氣餒，隨著我們拜訪經驗及技巧的精進，1/20的數字會不斷向上爬升，正常而言，一年之後，就會是1/15的比例，成長25%，算是不錯的成績了。

　　我在白板上所提的第二點，就是「一初三複」四字。夥伴一時不解，我說：「我們常說，作戰要一鼓作氣，再而衰，三而竭。D.S.在複訪上我們只是沒有成功，但我們並沒有失敗，只是自己在快要成功之前，我們自己放棄了，差的就是臨門一腳，而臨門一腳的時機，常常出現在第四次見面的時候，但大部份的夥伴在前三次就豎白旗了。」有一項統計數字很有意義，他說業務員在賣一張保單，見第一次面的成交率是5%，見第二次面的成交率是10%，見第三次面的成交率是20%，見第四次面卻一下子越過50%到80%，神奇吧！我跟夥伴說，D.S.也是如此，「一初三複」就是要求我們最起碼跟準客戶要見四次面，而我自己的經驗，平均下來，也大概是如此的比例。

當然有小部份是現場成交的，第二、三次成交的雖然也不少，但統計下來客戶見四次面成交的比例最多，也有一些客戶要見十幾次面才簽約，我們也得捨命陪君子，所以夥伴們在進行複訪作業時一定要保持初訪的精神，多堅持一下，一定會柳暗花明，峰迴路轉，常有意想不到的結果。夥伴又問：「老師，一初三複之後對方不買，怎麼辦？」我說：「此時我們就要判斷了，如果當下彼此已非濃情蜜意，甚至冷若冰霜，這些準客戶直接就要除名了，如果我們覺得對方的態度、意願和彼此的互動都還不錯，只是因為特殊的個人因素，短時間內無法成交，我們就維持準客戶的等級。」我將準客戶的變化透過箭頭的方式讓大家瞭解：A級→B級、A級→C級、B級→C級、B級→A級，「→」代表的是可能的改變；但絕不會變成C級→B級、C級→A級。

說到這裡，有一點我要再一次的強調，我們客戶的等級的評量，在初訪時就要精準，如果我們踏出的是錯誤的第一步，將步步錯，全盤輸，結局會是差之毫釐，失之千里。

白板上所提的第三點，勿忘初訪量。D.S.的作業，就是初訪→複訪→成交三個階段，複訪不過是中間的一個階段，但如果沒有源源不絕的初訪，我們就不會有複訪的機會，當然絕無成交的可能。我發覺夥伴們業務停滯不前的主要原因，就是太在乎於複訪的經營，心裡一直想快一點有Case，所以把大部份的時間花在複訪上，而忽視初訪的進行，萬一複訪並不是那麼順利，初訪的量又出不來，整個D.S.的作業就會出問題，我在許多通訊單位觀察D.S.團隊的運作，就常會出現此一現象，往往夥伴在第一星期的量還算正常，第二星期後初訪的量就會明顯下降，甚至有些夥伴把全部的時間都放在複訪上了，當短時間內無法成交，自己的挫折感就會很大，對團隊的運作也造成影響。

　　所以請夥伴們一定要勿忘初衷，唯有初訪才是D.S.的源頭，我們才能汰舊換新，去弱扶強，讓我們手中的準客戶保持應有的新鮮度，也就能夠維持應有的準客戶的成交率，如果發覺我們的準客戶的量不夠時，絕對不是去挖以前不要的準客戶，而是再到市場中進行拜訪，創造更多新的準客戶來，這樣才是D.S.正常的運作與良性的循環。

　　第四點、我在白板上寫了一個問句：先「初訪」還是先「複訪」？上一節中有提到一個問題，就是許多夥伴的初訪量，會隨著時間卻逐日在減少當中，其中一個很重要的原因，就是拜訪當日我們初訪與複訪的順序出了問題。那到底是初訪先，還是複訪先？在我對夥伴的調查中，大部份的夥伴都傾向複訪先，我想因為複訪會有成交的機會，甚至有夥伴跟我說：「老師，複訪一定要先，如果有Case成交，士氣會更高，行動力會更強。」我說：「先複訪或先初訪，我沒有一定的答案，看自己的習慣，如果考慮拜訪時的心情，我會建議先進行初訪。」夥伴問：「為什麼？」「原因在於如果我們先複訪，有Case成交當然是最好，但萬一沒有成交（複訪的成交率是5%），心情就會受到影響，信心也會動搖，我們又會跑到黑暗的角落去了（電影院、網咖或回家睡大頭覺），如果還要自己再去拜訪二十家店，可能比登天還難。」所以我們先按計劃初訪，再去複訪，不論複訪成績如何，我們都已經完成今天既定的行程，晚上回到家，睡個好覺，第二天又是好漢一條。

　　第五點、我在白板上又寫了一個問題：初訪後未約定的複訪要多久完成？這裡先跟夥伴們提一個參考數字，就是累積十位A級或B級的準客戶中，大概只有一位是A級的準客戶，其餘90%會是B級準客戶，所以我們的拜訪中，遇到B級準客戶的機會比較多，而

B級準客戶對複訪的要求，通常並不會一下子就允許一個明確的時間，所以我們自己要有一個行程上的安排，依我的做法，我三天內一定會去，因為時間一拖久，對方對我們的印象會下降，另一方面他們也會覺得我們的服務效率有問題，此時有夥伴問：「老師，去之前是否要先打個電話聯絡一下。」我說：「不用，你打電話反而會打草驚蛇，D.S.的作業，打電話的機會不多，除非已經是客戶，我們有服務上的需要或核保期間緊急狀況的通知，習慣上，我通常是直接去就對了，而對方實際上也不會有太驚訝的感覺。」

第六點、也是非常重要的一點，每一次的複訪都要有Close的動作。這是複訪的重點，複訪不只是說明建議書而已，我們的目標是要對方買我們的商品，所以等建議書說明完之後，我們一定要對方做個決定，此時就像是兩軍對峙，準備要攤牌了，在等待對方回應的時候，我們一定要沉得住氣，不要心浮氣躁，當我們的球拋出後，就靜觀對方的回答，中間不管停五秒也好，五十秒也罷，我們都要等到對方先開口，千萬不要對方沒回答，我們就搶話了，要知道當你一搶話，你就輸了，這不叫先發制人，這叫先曝其短，對方很容易就會順著你的話提出他似是而非的反對問題，或者利用你的話去轉移話題。

本來是你在最後關頭掌控全場，此時反而被對方四兩撥一下，氣氛一變，良機不現。所以我們一定要等對方開口，這時就算他不買，也會講出原因，而那個原因就會是他真正的反對問題了。沒成交，沒關係，我們可是得到他寶貴的訊息，可以當作日後再拜訪時，彼此討論的重點。夥伴們一定要瞭解，商家買保單與否，我們絕不能強求，但我們有權利訴求，買不買沒關係，但我們銷售的訊息一定要出去，不管結果是YES或NO，我們都有一

半成功的機會，不是不錯嗎？

　　有夥伴靈機一動，馬上急著問：「老師，你都是怎麼Close的？」我說：「不難，我會跟對方說，如果一切沒有問題，我們何不讓這份建議書或投資計劃今天就生效，馬上讓我們擁有不同的身價或一生中多一個人來保護自己。或是說，今天可是一個黃道吉日，何不讓今天就是我們賺錢的開始，喔！對了（這裡像演戲般），我們還有一份資料要填，資料已經在我手邊，三分鐘就可以完成，你覺得我們的預算是每月五千還是我建議的三千比較理想？」

　　記住接下來就不要講話了，等待對方的回答即可。一般我都是如此在促成的。尤其是最後一句：「每月五千還是我建議的三千比較理想？」這裡有運用到三個促成的說法：第一是「二擇一法」，第二是「引導決策法」，第三是「以退為進法」。「以退為進法」很奧妙，我自己許多的客戶，在最後預算的選擇上，會選高不選低，或許有心理因素的反射，但為什麼用預算的主題去收尾，主要是一般人對數字有概念，在訴求上，要做決定就會快一些。

　　所以說，Close並不難，只是在於我們願不願意說而已。夥伴們，千萬不要因害怕拒絕而遲遲不敢出口，如果你們只願意當說明員，我想我會很高興，因為市場上就會有許多準客戶我都可以不用經營，因為你們去說明，我去收費就可以了。

　　第七點、複訪時如果沒有成交，一定要要求下次見面的時間。複訪賣不成保單是稀鬆平常的一件事，但不能說對方不買，我們下次就不再來了，前面有提「一初三複」，只要是我們認定的A級或B級的準客戶，一定最起碼要見四次面才算拜訪完，所以第一次的複訪，對方沒買，我們一定要有第二次的複訪，我們可

以這樣說：「林小姐，沒關係！這份計劃就如同妳所說的，還有一些考慮的因素，妳也希望回去再跟家人多商量一下，本來買保險就不急在這一兩天，妳回去再考慮看看，下星期一對街我還有一個Case要談，去她那兒之前我會先到妳這裡來，而且因為我今天出來太急，有一份本來要帶過來給妳看的資料，擺在辦公室忘記帶來了，星期一我會一併交給妳。」透過以上的運作，我們就有機會進行第二次及第三次的複訪。

第八點、說明建議書的時間要簡短扼要。建議書的說明跟D.M.的說明，道理是一樣的，我們只要說明重點即可，時間在三分鐘內就要說明完，也因為你說明的是重點，對方反而考量的會是細節，而細節的部份，是對方很容易想到的問題，只要有問題出來，就是好事，我們開始針對對方的問題回答，這時就要細說分明，因為這是對方在乎的問題，要知道對方的問題才是我們重視的問題，你先前所提的重點已經不是重點了，這時不要這壺不提提那壺，一定要眼明手快，此外如有準備一些輔助的資料，也不要一下子全拿出來，我們可在對話中或解答對方問題的時候，適時翻出相關的資料，這些動作一秀，對方心中自然對我們會有不同的評價。

以下，是一篇複訪的演練資料，好讓夥伴們清楚知道複訪中的對話內容，及如何有效促成保單的步驟：

複訪演練資料〈儲蓄保本型〉

葛：陳小姐妳好，××人壽葛京寧還認識嗎？

門：當然認識，那天你跟我聊很多保險的事，今天你來也該看看我這裡賣的鞋子，樣式很新，相信一定有你喜歡的款式。

葛：來妳店裡，跟妳聊天真的很高興，尤其陳小姐妳今天看起來精神奕奕，容光煥發，相信妳今天鞋子一定賣得不錯，不過上個星期才在客戶店裡選了兩雙鞋子，不過與妳店裡的鞋子相比，的確遜色了一點，下回買鞋一定到妳店裡買。

門：葛先生，還是可以看一看嘛？

葛：好啊！不過因為上回有跟妳提到的方案，已經幫妳設計好了（同時取建議書），我想還是先利用三分鐘的時間跟妳做個說明。

門：目前景氣不好，聽聽看可以，不過目前真的買不起。

葛：沒關係，選購商品總是深思熟慮後的決定，買起來才會恆久。但這個商品不同，透過數字它真是魅力無窮，報酬穩定，讓妳在賺錢不容易的環境下，每一分錢都能做最有效的運用，尤其目前景氣不好，才應做中、長期的投資，提供穩定的效益，如果目前景氣大好，陳小姐的錢應該放在股市，而我也不建議放在保險公司，也就是說，投資保險公司的錢，就是要讓妳的錢很保險，去對抗景氣，如果陳小姐妳能接受這個觀念，相信在我介紹建議書之前，妳已經在觀念上購買了本商品，差的只是我的說明及妳的行動而已。何況我帶來兩份預算的建議書，一份每月五千元，一份每月三千元。妳看第二份建議書的第一頁，有關預期的投資報酬率表說明得很清楚，我們的投資最大的特色就是比銀行的定存高很多，我算過報酬率會是銀行目前定存利率的1.5倍，如果以後銀行持續向零利率靠近，我們的固定利率就算高利率了。何況我們這份每月三千元的產品還提供一百萬的壽

險保障，銀行存款一百萬以上就沒有保障了。更重要的是，陳小姐妳看螢光筆的部份，這個儲蓄計劃，前面可以拿利息，期滿之後可以拿月退俸，雖然不多，每月幾千元而已，但可是活到老領到老。我這樣說明陳小姐還有沒有不清楚的地方？

門：上回你跟我提，我就覺得報酬率不錯，但儲蓄現在對我而言，並沒有這麼強的急迫性。

葛：陳小姐，時機很重要，妳知道嗎？我自己所有買儲蓄險的客戶，到現在沒有不感謝我的，因為他們買到一張或多張一輩子高預定利率的儲蓄險，有的客戶還開玩笑地跟我說，有機會叫保險公司賠本也是一生少見，許多客戶還跟我說：「葛先生，當初有聽你的建議，當下決定投資，要不然我看我那些錢也不知到那裡去了，也不會現在開始在領還本金了。」機會來了，就要當機立斷，以免將來後悔，陳小姐，我這樣解釋妳能瞭解嗎？

門：我也有聽他們在說，不過總是一筆錢，又要繳這麼長的一段時間？

葛：陳小姐妳放心，錢不會不見，只是換了一個帳戶，這個帳戶會是我們個人的聚寶盆。今天可是一個黃道吉日，何不讓今天就是我們賺錢的開始，喔！對了，我們還有一份資料要填，資料已經在我手邊，三分鐘就可以完成，妳覺得我們的預算是每月五千還是我建議的三千比較理想？（之後千萬不要開口，待對方回應）

門：你說的也對，反正錢也沒不見，不過就是左口袋換右口袋，我看就存五千的那份好了。

葛：OK，妳說的算，我們現在很快辦一下要保手續。

三：複訪後購買意願不高怎麼辦？

這些就是「一初三複」後並沒有購買，但我們並沒有放棄的準客戶，我們該如何處理，以下有六個方法，夥伴們可以參考：

1. 可依緣故客戶的方式處理。
2. 可提供其他類型的商品的訴求。
3. 轉向保單健診服務。
4. 可對其他店員再做業務訴求。
5. 定期追蹤瞭解，公司有新商品時的通知對象。
6. 可列準增員對象。

其中的第五點，公司新商品的運用，我倒是因此成交了一些保單，所以公司只要出新商品，我一定很興奮，此時針對我們中、長期的準客戶，是發揮D.M.攻勢的好時機，我除了會將新商品D.M.寄給對方看，我還會夾一張便條紙（約A4一半大小，不是隨意貼那種小的便條紙），除了慰問之詞外，再將商品的重點及利基簡單歸納幾個重點寫下來，如果新商品對保戶還有什麼特殊的優惠方案，也要寫在裡面，信函發出去後，約三天，我會利用不出去拜訪的一個下午，開始電話連絡他們，看他們購買的意願如何？死馬當活馬醫，還真會有幾隻馬會活過來，因為時空不同了，剛好對方此時有需求，新商品也有新鮮感，也就順理成章地跟我們買了。還有就是，對方會認為這麼久我們都沒有忘記他，他會認為我們未來的服務應該不錯，所以也就買了。

四、保全的作業

1. D. S. 有固定的比例會契撤

　　一般而言，D.S.的單子會有15%的契撤率，乍聽之下，許多夥伴都會嚇一跳，直覺上跟緣故市場差很多，經濟效益有問題，不過我認為這是很正常的現象，所以我們在一張保單成交之後，先不要高興的太早，最好等簽回條回公司十天後，中間如果沒有任何狀況，我們再高興都來得及，不過這二十天左右的變化期，萬一客戶反悔，自己要能夠釋懷，畢竟在陌生的環境中，彼此的熟悉度不夠，任何的風吹草動，都有可能動搖對方的信心，因而產生悔意。但在簽完要保書到保單核保完成的7～10天之間，卻是重要的保全保單大作戰；首先，心情上我們要把這張保單當作尚未成交，繼續我們業務的工作，如果我們處理的好，我們的契撤率會降到10%以下，套一句半導體業的名言，我們會擁有90%以上的「良率」，雖不滿意，但可以接受。

　　保全大作戰的一開始，我們在成交的第二天，就要馬上去看對方，順道帶一份對方會喜歡的小禮物去，這份禮物是這回見面的重點，一定要慎重，花點小錢是應該的，千萬不要馬虎到去便利商店買個普通的東西送給對方，要是如此還不如不送。彼此見了面就只是聊天，不主動提及保險話題，重點是將禮物奉上，對方只要收下禮物，我們就可以多安一點心。我們千萬不要因為擔心保單有變化而怕再去，如果有變化，頂多就是不買了，早一點知道也不會浪費我們太多的時間。

　　其次，核保期間我們要再去一趟，主要是保持彼此的熱度，進一步增進彼此的瞭解，同樣地，在閒聊時保單的狀況都不提，

隊時，就處理過如此的問題，彼此的直轄主管都得出面協調，最後雖然雙方各讓一步，有了一個大家可以接受的折衷的辦法，表面上是和平落幕了，但那兩位夥伴卻漸行漸遠，彼此見面也不講話，心頭的結可深的很。」

夥伴們要瞭解，我們經營事業，在單位中能夠認識一位志同道合的夥伴很不容易，要珍惜難得的情感與緣份，千萬不要因為一筆Case，搞到不歡而散，這可不是我們所樂見。

3. 拜訪人多反而造成商家的心理負擔

共同拜訪因為多了一人，在拜訪的視覺上面積就會大一倍，當兩個人進門的時候，想像一下畫面，我想此時緊張的不應是我們，如果商家只有一人，他的負擔可能比我們還多，反而是他在面對我們所製造出的不明狀況和變化，如果對方心有畏懼，我們在進行接觸和對話時，就會發覺對方言不由衷，心思與眼神都無法集中，因為這是視覺上我們給對方的壓力，要能創造愉快的賣場氣氛，應是不太容易的一件事，何況保險尚有許多屬於個人私下的問題。

今天如果只有你一個人拜訪，搞不好對方就容易提出他的問題，但多一個人就多一雙耳朵，對方想說的話，只能止於嘴邊，溝通就只會是一場表面的客套話，這樣的拜訪效率是低的，所以我們在拜訪時多一個人，雖然會給自己多一份的安全感，但卻可能會嚇壞一個準客戶，這也是雙人同行的缺點之一。

4. 彼此時間要能配合

要能雙人同行，就必須兩個人的時間要能完全地配合，要不然走到最後一定是一個人唱獨角戲；一會兒是這個有事，一會

兒又是那個臨時有約會，合作到最後，業績沒一件，怨言倒一大堆。就算兩個人都誓言配合到底，但許多客觀的因素也會不斷地衝擊彼此合作的誠意。

譬如合作夥伴懷孕，這可是女性的大事，初期還OK，中期後體力的負擔，體型的改變都會影響拜訪，分娩後還有近兩個月的月子時間，這樣一算近半年都無法配合，好不容易等到對方月子也做完了，可以重出江湖了，但沒多久對方又小聲的告訴你：「葛大哥，都不知道如何開口，我也不希望這麼快，但事情就是接著來，真是人算不如天算，怎麼辦？我又懷孕了！」我能怎麼辦？當然是半年又不見了，如此這般，難道我們還要再等下去嗎？我看自求多福會好一點。

還有就是辦公室搬家，不同的隸屬，兩人從此分隔兩地，因為已不在同一個屋簷下，訓練上就很不方便。當然，對方離職，合作馬上就會停止。所以說，要能配合會有許多不可抗力的因素在，自己一人海闊也天空，無拘更無束。

5. 共同拜訪的條件

夥伴急著問：「老師，難道就沒有兩個人合作的可能？」我說：「有，但不是你們現在這個階段，還是需要你們有一段跑D.S.的時間，起碼要有三年的經驗，才可尋求一位志同道合又能結合彼此特長的合作搭檔。」夥伴不解地問：「老師，為什麼要三年，三年很久耶！」我說：「不僅時間要三年，而且自己要能在三年內自行創造一百位D.S.的客戶，要知道，D.S.許多寶貴的經驗是來自成交的客戶身上；而三年的時間，也證明我們自己拜訪的持續力。」

但如果想要突破目前的成交率，方法之一就是找人合作，只

因為人並非十全十美，每個人都有人格上的優點，但也有一輩子改不了的缺點，這個時候如果能找到一位補己之短的合作搭檔，是再理想不過了，這樣的合作一定會1+1＞2，但每週配合的天數也不要多，一天就可以，就算彼此臨時有其他行程，自己一個人都可以繼續跑，就不會發生不知所措的狀況了。

六：女性拜訪安全須知

1. 穿著得宜
2. 商家提供的飲料勿喝
3. 皮包內應有防護器具
4. 附近應有夥伴同行拜訪，且約定拜訪結束會合的時間
5. 與同行夥伴建立緊急狀況手機互通暗碼
6. 儘量白天拜訪，PM9:00後勿進入巷、弄內的店
7. 清楚拜訪的商店位置或區域

其中第二點女孩子要小心，商家所提供的飲料，女性夥伴一定不要喝，我們在外面拜訪時，安全比什麼都重要，尤其在接觸一個我們並不熟悉的環境時，一切以自身的安全為前提，商家千分之九九九都是正派經營，但也有極少數商家會心術不正，萬一臨時起歹念，一杯飲料，就會讓我們臥地不起。我跟夥伴開玩笑說，女孩子拜訪時飲料勿喝，但對男孩子就無所謂了，以我而言，四十幾歲了，來什麼，我喝什麼，多多益善，就算喝昏在地，老闆娘要把我怎麼樣，我也只能欣然接受，但千萬不要老闆也來湊一腳，那我損失就大了。

另外，第七點，女孩子一定要知道自己今天拜訪的地理位

置，一般而言女性的方向感比男孩子差，所以自己出門前千萬不要忘記帶地圖，因為有些地方的巷、弄，就像迷宮一般，彎彎曲曲不說，有些巷、弄門牌也沒有，方向感不好的夥伴，有時就會多走一些冤枉路。

子曰：「暴虎馮河，死而無悔者，吾不與也；必也臨事而懼，好謀而成者也。」意思是說：「一個人如果只會用空手打老虎，徒身過河，這樣死去都不會後悔的人，我是不與他交往的，要與我交往之人，一定要是能凡事小心謹慎，且能細心謀劃而成功之人。」孔老夫子的這段話也正說明事前計劃的重要性，如果我們只是逞匹夫之勇，將會一事無成，更遑論成就大事業了。

孫子曰：「夫未戰而廟算勝者，得算多也；未戰而廟算不勝者，得算少也；多算勝，少算不勝而況於無算乎？」正說明整軍備戰的重要性，我們也常說：「養兵千日，用在一時。」千日可是一時的二萬四千倍呢！就可知道前置作業的必要性。而前置作業的重點，卻是戰略、戰術、戰法、戰技的層層配合，缺一不可，D.S.作業也非想像中的難事了。

也有的學員覺得自己像是死裡求生，找到了一條活路。無論如何，最重要的是二天合計三個小時的訓練，讓學員在以後可以如「藍波」般的單打獨鬥，而無後顧之憂。

　　而她是眾多位學員中的其中一位，但幾年下來，只要想到「她」，始終有一種特別的感受，也相信現在的她，回想起那兩天的實作也一定還有一份感動在心頭。她服務在一家歷史悠久，口碑很好的保險公司，擔任「業務襄理」的職務，在保險業已有六、七年的年資了。雖然已經三十多歲，但看起來依舊清新亮麗，也帶著一份業務員的成熟與魅力。

　　初見面，彼此寒暄了一下，但接下來的互動中，我感覺她有刻意與我保持著距離，而神情中也不見熱忱或是興奮緊張的樣子，要不是拜訪前有些事項要說明，彼此連對話都很少。心想，要不是心情不好，不然就是主管要求來學的，有一點心不甘情不願，不管怎樣，教學還是要進行，還好第一天的「實作」由我示範，她要講話的機會並不多。

　　我們那天拜訪的地區在「市場」附近，離她的辦公室也不太遠，此商圈不算很大，但生活的機能很完整，各式的商店一應俱全，附近公家機關多，所以有許多軍、公、教的居民，消費的能力雖然普通，但後續購買力很強，商家有許多都已經是一、二十年的老店，但不時也有一些新型態的店冒出。

　　經過一個半小時的示範教學，我們約拜訪十二家店，有三、四家店感覺還不錯，算是A或B級的準客戶，值得再做複訪，但是她在這一個半小時內，無論進到商家還是走在人行道上，始終跟在我後頭，緊繃著臉，一句話也沒有，由於還有下一位的實作，中間我必須休息一下，於是對她交待了第二天要攜帶的東西，就準備要先離開，但才離開兩步，想起一件事，我又馬上轉身回頭

跟她說：「張襄理，明天來可以不用穿高跟鞋，穿平底的會舒服很多。」

這時候的她，突然對我講話了：「葛老師！你有一點時間嗎！」我說：「有啊！但只有十五分鐘，是不是剛才拜訪上發現有什麼問題，妳直說無妨？」「不是拜訪上的問題，可不可以聊聊？」「那我們先坐下，不過時間真的只有十五分鐘，因為三點半還要帶一位實作的夥伴」

「沒關係，我只要十分鐘就好了。葛老師，之前我的態度有點失禮，先跟您說聲抱歉！老實講，本來我今天是不來的，只是從早上到中午，我的主管不知打了多少通電話給我，叫我下午一定要到。而且你實作的課程，當初是我主動報名要上的，原因是二年前我帶了一位新人，而我這位新人在保險業務上非常強勢，也很有企圖心，業績當然不在話下，她說她的客戶都是陌生D.S.來的，對我這個主管，『緣故』起家，而且從來不敢做陌生開發的人，慢慢有點瞧不起，有時我說的話，她都愛理不理，甚至會公開在同事面前講我的不是，很不給我面子，我的個性較內向，對她這樣的舉動也只能默默吃下，所以我才會想跟你學『陌生開發』。」

「但是葛老師你知道嗎？當我又想起我這位直轄過去的種種行為，在我與你見面的時候，老實說，我心裡真的高興不起來，也對你的課程有說不出的厭惡與反感，心想會D.S.有什麼大不了，有Case接，有錢賺才重要。那種心理的矛盾，我真的不知如何排解？」這時，我望了她一眼，她的眼神中參雜著困惑與焦慮，卻又露出一絲期待，我說：「妳的心情我可以體會，明天的課妳一定要來，要來的原因是因為妳心理的矛盾可以得到紓解，拜訪的過程中你也會找到解答。」

　　「不過，我必須說明，條條大路通羅馬，每一種業務通路都有它的特色在，沒有孰輕、孰重的問題，都值得大家學習、鑽研，D.S.的學習，也只不過在多認識一條通路而已，妳轄下夥伴的問題在她自己身上，跟妳無關。」

　　第二天與她約的時間是下午三點半，看看手錶都已經三點三十五分了，還沒出現，拿起手機正準備撥號，此時遠處已看到她的身影，慢慢的走過來，而腳上依舊穿著高跟鞋，一見面她就對我說：「葛老師，我很緊張，而且昨晚我沒睡好，到現在精神也沒上來，我可能沒有辦法完成今天的課程，而且昨天走很久，我的腿現在很痠，感覺也沒有什麼力氣。」

　　我解釋說：「妳今天會緊張很正常，如果妳跟我說妳現在一點也不緊張，那我會很緊張，不過都不用擔心，昨天頭已過，今天身就會過，葛老師的實作學員到目前為止還沒有失敗過的，何況我不是說過今天的課程會為妳找到一些答案嗎！」「葛老師，你講起來很輕鬆，可是我還是很緊張！待會可不可以先請老師帶兩家後，再由我開始。」「沒問題，走吧！」

　　很快地兩家拜訪完了，「好了，現在輪到妳帶我拜訪了，名片和D.M.都準備好了吧！要五家店哦！待會進去以後，我會跟在妳身邊，妳不用介紹我，就照妳演練資料的內容或我昨天示範的話術去說就可以了，但剛開始介紹完自己之後，一定要請教對方貴姓。如果妳進行的還不錯，我會一直讓妳講，如果不是那麼流暢或是突然卡在那邊，放心，這時我會幫妳接話，不會讓場子冷下來。晚一點還有五家店妳要自己進去，時間不限定，只要推門進去就算OK，當然如能介紹自己，遞出名片是最好。」

　　「如果還有機會，商品D.M可是妳的武器，想辦法拿出來說明，進一步，能夠達成複訪的要求，就算是很成功，如果已經不

知道要說什麼，出來就好。不過妳放心我會在外面等你。」她聽我講一大堆，臉上似乎茫茫然，額頭上也開始冒出少許汗水，好像對我剛才說明的一切都無法體會，以一種無辜的眼神對我說：「葛老師，我的腿真的很痠很累，我們可不可以找個地方先坐下來休息一下。」

「那這樣好了，因為腿痠，待會我們就稍微走慢一點，五家變四家，幫妳打個八折，不錯吧！Let's go！」對於我的回答，看得出來她並不滿意，但箭已在弦上，不得不發，勉為其難，她帶著我拜訪完了四家店，只是每一家店待的時間都很短，甚至有一家店名片沒遞就出來了，看得出她想很快結束今天的拜訪，就在此時，她又開口了：「葛老師，我腿痠，我真的走不下去了，而且我的名片只剩三張，我們今天的拜訪就這樣可以了，你放心我不會將今天的情形跟我主管說的。」

「張襄理，妳還有三張名片可用，不如我們今天就把它用完，所以這回打六折，只要拜訪三家店就好，十分鐘後我們真的可以找一個地方坐下來休息休息，前面就有一個小公園，坐在橫椅上聊天應該不錯。來，妳可以的，我們繼續！」

她兩眼無神的盯著我看，心中肯定有許多的怨言，又罵不出口，看著我指向前的手勢，無奈中再度啟動她疲憊的身心及雙腳，向前行。不出我的預料，前兩家店進去沒多久就出來了，剩下最後一家了，此時她的手中也只剩最後的一張名片了，我說：「前面剛好有一家服飾店，我先觀察了一下，裡頭只有一位門市小姐當班，也沒客人，很適合拜訪，加油！」在我的加油聲中，她不情願地推了門走了進去。我心想，就算她十秒鐘出來，也OK，對D.S.她可有著一段不舒服的過往，心中的排斥與我行動上的要求，有著很大的落差。

週會有十分鐘要上臺跟他們分享今天的拜訪心得，老師，真要謝謝你，我很高興有機會可以上臺；而且剛剛一點鐘的時候我的處經理居然也打電話來給我，也希望我能好好學；還有，老師你交待要背的兩篇演練資料，我背的很熟，要不要我現在背一遍給你聽？」

看看他的臉，我做了一次深呼吸然後說：「現在不用，待會你自己會用上。好！前面有一家店我們進去吧！」而這時兩隻腿不自覺地加快了步伐，他在旁邊緊跟著，速度一點也不輸一般人，而進入店內的實況，跟平常的實作是一樣，沒有太大差別，而我的信心卻不斷在增加當中，而他的興奮不減，每一家店出來他都會做記錄，有一些看到的問題，也會急著問想知道答案。就這樣，很快地，九十分鐘過去了。

不等他出口，我先說：「明天下午三點半，你有空嗎？因為還有單飛的訓練沒做。」「老師，謝謝你，我今天已經學很多了，看見老師賣力在示範，那精神很讓我佩服，就算沒有單飛的訓練，我相信我自己以後可以應付得來。老師，謝謝你！謝謝你今天的示範，我受益良多。」

「我不知道你明天有沒有空，我明天下午三點半會在今天碰面的地方，如果你有空，我們繼續第二天的實作訓練，費用你不必擔心，就當我優待，打對折，所以你付清了。」「老師，這樣不好意思，明天下午我好像有約會，謝謝老師的好意！老師願意帶我出來跑，我已經很感激老師了，老師，不好意思，辦公室還有一、二位夥伴在等我，我要先離開了。」「好！你有事就先離開吧！明天下午三點半我會在這裡。」

我跟他之間的互動好像一齣戲一般，有著精彩的劇情，內容曲折，卻又高潮迭起，雖然故事很短，卻又耐人尋味，而他說

的每一段話，不斷感動我的心，也振奮我的心。第二天下午，我來了，我很高興的來了，而且我早到了十分鐘，不一會兒，我手機響了：「葛老師，你已經在伯朗咖啡了嗎？」知道是他，我很是高興：「我剛到，你要來嗎？」「老師等我一下好嗎？我晚五分鐘就到。」「好！我等你。」見到他時，他依舊滿臉興奮，又順手從襯衫口袋拿出白色信封，我一手擋住了說：「如果你要給我，我現在掉頭就走。」「老師！謝謝你！真的謝謝你」「好！重點不在這裡，名片和D.M.有準備嗎？」「老師，都準備好了。」「那今天就看你表演了。」「是，今天就看我表演了，出發！」

　　九十分鐘的時間也很快就過去了，雖然拜訪的過程中難免有些小地方值得再改進，整體而言他的表現是完美的。尤其將演練資料的運用到這麼熟練，他還是第一位，而且在賣場內的展現非常自然，互動已經有一股信任度傳達出去。老實講，他是我帶過的學員中，學習效果很不錯的一位。正當我想開口想稱讚他時，他倒是搶話了：「老師，今天我來對了，今天的感受跟昨天又不一樣，自己提槍上陣，體會是那麼真實，經驗的吸收是最直接的，也幫助最大。真的，真的，謝謝老師！」

　　「你表現的很好，是你自己願意努力付出的結果，你所得到的，別人一輩子也取代不了，恭禧你，過關了。另外，老師從你身上也得到不少啟發，在以後的教學上會有很大的助益，我想，你也在教我一些『東西』，而你教我的『東西』會幫老師賺不少錢，這裡（昨日的白信封）是老師給你的學費，另外有一張光碟片，裡面還有幾十個檔案，都跟陌生開發有關，應該還不錯用。最後老師想說句話：『俊宏，謝謝你！』」

　　那次的一別，距今已有三年多了，最近翻到杜牧的一首詩

〈山行〉：「遠上寒山石徑斜，白雲生處有人家，停車坐愛楓林晚，霜葉紅於二月花。」尤其唸到前二句時，腦海不經意浮現他的影像，「遠」、「寒」、「斜」不是他原本一生的寫照嗎？而「白」、「生」、「家」，卻又在他人生的轉折處，給了他希望與溫暖。回想他拜訪時的情景，特別有感觸，以他的狀況而言，做D.S.比一般人要辛苦十倍，但是兩天的三個小時的相處，你永遠看到的是神采奕奕的他，一副自信的神情，對一位只有二十幾歲，身有殘疾的人而言，又是多麼的難能可貴。

有一個故事：「在墨西哥有一座美麗的雕像，它有一個很不尋常的名字：「儘管」，這座雕像的命名並非針對作品本身寓意，而是為了紀念作者。事情的來龍去脈是這樣的：在作者創作雕像期間，發生了一次意外事件，他因而喪失右臂。可是這個悲劇並沒有打斷他的創作熱忱，他學著用左手完成他的作品。所以這座雕像命名為「儘管」。米爾頓儘管失明，他寫了《失樂園》。貝多芬儘管失聰，他寫了許多曠世名曲。海倫凱勒儘管失明復失聰，她仍登臺演說。墨西哥的雕刻家儘管失去右臂，他還是用左手完成了他的雕像。」

而我們的俊宏儘管雙腿不便，但他依舊繼續堅強地拜訪下去。

西方一句名言所說：「成功與否並不取決於我們是誰，而是取決於我們如何看待自己。」

（It's not who we are that is holding us back .It is who we think we are not.），俊宏，加油！

後語

千里之行　始於足下

　　「海角七號」無疑地是過去幾年最風靡全台的國片，也是話題性十足的電影。片中人物個個演來生動活潑，角色詮釋深刻又生活化，加上故事的情節高潮不斷，張力十足，真是一部看起來十分過癮的好電影。

　　當全家人看完此片後，四個人就在馬路上嘰嘰呱呱的討論起來，每個人都有不同的喜好人物，小兒子馬上就說他最喜歡「國寶」了，說他太風趣太好玩了；大兒子對「水蛙」的頭髮顏色，情有獨鍾；老婆大人對男女主角的異國戀情，感動不已；我說「馬拉桑」是我的最愛，小兒子馬上又說：「我也喜歡馬拉桑，尤其自己高音喊出的馬——拉桑時的表情，有趣極了。」我對小兒子說：「我喜歡馬拉桑因為他是一位業務員，他的工作跟我很類似，有一幕在墾丁大街的路邊餐廳逐桌在推銷小米酒時的畫面，我很有感覺！」大兒子突然一句：「爸！他好像跟你一樣在掃街耶！」「對！馬拉桑因為務實的推銷精神，終獲鎮代會主席的肯定，有了酒宴的訂單，也為自己開闢出一個新的市場。」

　　好高興D.S.的業務精神能在這部電影中看到，畫面中的馬拉桑就像我心中好多好多D.S.夥伴的縮影，他們在烈日下揮汗前進，在

寒風中勇往直前，不畏艱苦，他們不在乎別人的眼光，只在乎自己努力的多寡，更無時無刻不以身為保險業務員為最驕傲的一件事。

　　書中透過D.S.故事的串聯及對話的方式，二十年前一腳踏進保險業，慢慢接觸到陌生市場，在自行摸索的過程中，覺得陌生開發雖然辛苦一點，但拜訪過程中的際遇真是新鮮又好玩，與商家接觸的過程中，真有許多經驗值得大書特書，但當時的業務環境中卻存著許多不同的看法，有時公說公有理，婆說婆有理，有理也會變無理，D.S.的作業始終像是可有可無的選擇，但經營保險業的時間愈久，發覺其實有非常多的夥伴，對D.S.有著基本的需求，心中有期待但又怕受傷害，也看見許多夥伴因方法錯誤，弄得自己人仰馬翻，從此敬謝不敏，許多保險夥伴對D.S.會有一些誤解，也肇因於此。

　　雖是如此，但還是有許多夥伴前仆後繼的進入這個市場，畢竟對業務員而言，能增加大量的準客戶名單，是業務的根，也是事業的命脈。所以如何讓業務夥伴們能掌握D.S.的正確技巧及有效率的經營陌生通路，是我寫這本書很大的動機，因為夥伴如能有一本參考的專書，許多的問題就能迎刃而解，錯誤不再發生，讓D.S.不再是不知讓人從何做起或不敢做起的通路。

　　回想十多年來，穿梭在無數的大街小巷，走過多少個寒風刺骨、揮汗如雨的日子，在因緣與巧合中，我遇見了一張張如親人般的面孔，待之如老友般的熱忱，看著他們親切的笑容，永遠是支持我走下去的一股力量。清風徐徐吹來，此刻心中自有一股傲氣直上青雲，但眼前夕陽緩緩落下，驀然回首卻又百感交集，口中不禁喃喃說著李白詩中的兩句：「孤帆遠影碧空盡，唯見長江天際流。」

　　謝謝過去十多年來我拜訪過的商家，你們讓我感受到這塊土地上最珍貴的人情味，最令人感動心扉的熱情；更謝謝我D.S.的客戶們，你們的接納與支持，在轉瞬接觸的時空中，我們相遇相知相惜，建立可貴的友誼，願此情天長也地久，綿延年年。

　　當夜幕低垂，萬家燈火，又是一家家最溫馨的時刻，此時的夜更美了，仰望一輪皓月，繁星點點，明天又將是一個陽光普照的日子。

　　好一個陽光普照的日子，夥伴們，加油！

　　呈現這本書引人入勝的一面，讓讀者有想一看再看的暢快感，也希望自己的一些業務心得，能幫助你在業務領域上大展身手，突飛猛進。

附錄

人生勵志語錄

一. 忠誠篇

❶ 一個人的思想決定他的為人，決定他的未來。

❷ 那些不能勝任、沒有敬業精神的人，都被摒棄在就業的大門之外，只有那些勤奮能幹、自動自發的人才會被留下來。

❸ 在你們開始工作時，不要過分考慮薪水問題！要注重工作本身給你帶來的收穫──發展你們的技能，提升你們的人格品質……

❹ 請記住，當你說老闆刻薄時，恰恰證明你自己是刻薄的；當你說公司管理到處都是問題時，恰恰是你自己也有問題。

❺ 以七分心血去發掘優點，用三分心思去挑剔缺點。

❻ 無知與眼高手低是青少年最容易犯下的兩個錯誤，也是導致頻繁失敗的主要原因。

❼ 成功的定律是：心態＋目標＋方法＋行動＝成功。

❽ 儘管行動並不一定會帶來理想的結果，但是不行動則一定

不會帶來任何結果。

⑨ 工作時虛度光陰會傷害你的雇主，但傷害更深的是你自己。

⑩ 生命中最好的獎勵並不是來自財富的累積，而是由熱忱帶來的精神上的滿足。

⑪ 比其他事情更重要的是，你們需要盡心盡力地把一件事情做得盡善盡美；與其他有能力做這件事的人相比，如果你能做的更好，那麼，你就永遠不會失業。

⑫ 開水燒到99℃，你想差不多了，不用再燒了；很抱歉，你永遠喝不到真正的開水。

⑬ 有一個主管曾說，資歷很好的人實在很多，但都缺乏一個非常重要的成功因素——這就是執行能力。

⑭ 關於偉大人物的名言中，有一句給我的印象特別深刻。「許多人的生命之所以偉大，是因為他們承受了巨大的苦難。」

⑮ 如果什麼事都要「條件具備」才去行動，那將永遠一事無成。

⑯ 生活如同一盤棋，你的對手是時間，假如你行動前猶豫不決，你將因時間過長而痛失這盤棋，你的對手是不容許你猶豫不決的！

⑰ 緊緊追蹤四輪車到星球上去，要比在泥濘的道路上追蹤蝸牛的行跡更容易達到自己的目標！

⑱ 如果你能真正做好一枚別針，應該比你製造出粗陋的蒸汽機賺到的錢更多。

⑲ 「沒有任何藉口」是美國西點軍校200年來奉行的最重要的行為準則，是西點軍校傳授給每一位新生的第一個理

念。

⑳ 據說美國前總統杜魯門的桌子上擺著一個牌子，上面寫著：Book of stop here（問題到此為止）。

㉑ 麥克阿瑟將軍在西點軍校發表了那篇著名的、激動人心的演講《責任——榮譽——國家》。

㉒ 向我們論別人是非者，也會向別人論我們的是非。

㉓ 少數人需要智慧加勤奮，而多數人卻要靠忠誠和勤奮。

㉔ 行為重複多次以後就會變習慣，似乎不費吹灰之力就可以無意識地、反覆做同樣的事情，到後來不這樣做已經不可能了，於是形成了人的品性。

㉕ 每個學員無論在什麼時候，無論穿軍裝與否，無論是在西點內還是在西點外，也無論是擔任警衛、宿舍值班員還是執勤軍官等公務，都有義務、有責任履行自己的職責。
　　——西點學員章程

㉖ 西點成員的舉止言談謙虛，品格高尚，勇於負責，富有無私無畏的愛國主義精神，這是他們對我們社會的最大貢獻。

㉗ 誠實及敬業的名聲是人生最大的財富。

㉘ 西點學生絕不說謊、欺騙或偷竊，也不容忍他人如此的行為。——西點榮譽守則

㉙ 華盛頓、林肯之所以會當選美國總統，不是因為其能力，而是因為其品格。

二. EQ篇

❶ 智商高的聰明人卻不一定都是成功者，這說明，智商的高低並不能決定成就的大小，情商才是影響智商的最重要因

素。

② 動動腦筋，尋找辦法，但這並不是說，所有的成功都會來自你的智慧，更重要的是，你要發現自己的不足，讓你的性格和情緒得以完善。

③ 在人類的進化歷程中，內在的情感一次又一次反覆出現，直至烙印在神經系統，成為先天的、自主性的情緒反應傾向，這再次證實了情感的存在價值。

④ 當人們面臨挫折、失敗和危險的時候，僅靠理智是不足以解決問題的，它還需要情感來作為引導。

⑤ 人都有五彩繽紛的情緒世界，釋放積極情緒和調節消極情緒，能保持生命健康成長，激勵自己踏上成功的人生之路。

⑥ 如果沒有那位老者的忠告，如果放任恐懼、悲傷、絕望的情緒在我的心中瀰漫，很難想像，我還能活著出來。

⑦ 情商比智商更重要，如果說智商更多地被用來預測一個人的學業成績，那麼，情商則能被用於預測一個人能否取得職業上的成功。

⑧ 情商是一種能力，是一種準確觀察、評價和表達情緒的能力，一種接近並產生感情，以促進思考的能力，一種調節情緒，以幫助情緒和智力發展的能力。

⑨ 這位候選人雖然智商很高，但明顯的是他缺乏高的情商，他不懂得利用情商表達和控制自己的劣質情緒。

⑩ 情商的高低，可以決定一個人的其他能力（包括智力）能否發揮到極致，從而決定他的人生有多大的成就。

⑪ 人在陷入某種情緒中時往往並不自知，總是在事情發生過後才會發現。

⑫ 像兔子嗅到從狐狸身上飄過的氣息就立刻屏氣斂神，像史前哺乳類一見到攫食的恐龍便四散逃匿，一種內在的警覺控制了我，迫使我暫停，多加小心，警惕步步逼近的危險。

⑬ 高情商者是自我覺知型的人，他們瞭解自己的情緒，對自己情緒狀態能進行認知、體察和監控。他們具備自我意識，能在情緒紛擾中保持中立自省的能力。

⑭ 人生的棋局該由自己來掌控，不要從別人身上找尋自己，應該經常自省並塑造自我。

⑮ 認識了自己，你就是一座金礦，你就能夠在人生中展現出應有的風采。認識了自我，你就成功了一半。

⑯ 哲學家亞里斯多德認為，對自己的瞭解不僅僅是最困難的事情，而且也是最殘酷的事情。

⑰ 認識自我，你就是一座金礦，你就一定能夠在自己的人生中展現出應有的風采。

⑱ 善於瞭解自己情緒的人，大多善於協調或順應他人的情感，輕而易舉地將他人的情緒納入自己的思維。這樣，在交往和溝通中將一帆風順。

⑲ 如果你的自信心是一個低能者，你就會在自己內心深處的那塊螢幕上，經常看到一個無所作為、不受人重視的平庸小人物。

⑳ 恐懼本是人類進化過程中遺留下來的原始情緒，驅使我們遠離危險、保護家人。然而，恐懼使父親甚至沒來得及聽出女兒的聲音，沒來得及看清槍口對準的是誰，便開槍了。

㉑ 衝突是由劣質情緒引起的，在人的內心他會留下難以磨滅

的印記，表現在外部，它甚至就是人際交往的障礙。

㉒ 操之在我是自我情緒管理的技巧，它指的是要能夠控制自己的情緒不受制於人，不為環境因素所左右，它是情商的至高境界。

㉓ 高情商者說：有憂慮時不必去想它，在手掌心裡吐口唾沫，讓自己忙起來，你的血液就會開始循環，你的思想就會開始變得敏銳。

㉔ 我們常常因為一些小事情，一些應該不屑一顧和很快忘記的小事情弄得非常心煩……我們活在這個世上只有短短的幾十年，而我們浪費了很多時間，去為一些一天之內就會被人忘記的小事發愁。不要這樣，不要顧及那些小事。

㉕ 特別不要讓還沒有發生的憂慮困住自己，因為，99%的憂慮其實不太會發生。

㉖ 最後我發現，我越想去討好別人，就會使我的敵人增加。所以最後我對自己說：只要你超群出眾，你就一定會受到批評，所以還是趁早習慣的好。這一點對我大有幫助。

㉗ 俄國作家契訶夫曾寫道：「要是火柴在你口袋裡燃燒起來了，那你應該高興，而且感謝上蒼，多虧你的口袋不是火藥庫。要是你的手指扎了一根刺，你也應該高興，還好，多虧這根刺不是扎在眼睛裡。依此類推……照我的勸告去做吧，你的生活就會歡樂無窮。」

㉘ 在逆境中，人的情緒會極端消沉，高情商者能很快走出失敗的陰影，自己拯救自己。

㉙ 與其一天到晚怨天怨地說自己多麼不幸福，不如由改變自己的情緒個性來改變命運。沒有人天生注定要不幸福的，除非你自己關起心門，拒絕幸福之神來訪。

30 為避免陷入憤怒之中，唯一可能的是為它找到一條建設性的出路，而唯一的出路，只有運用情商才能實現。

31 如果你平時生氣了，不妨出去做一些劇烈的運動，看一場電影娛樂一下，出去散散步；這些與痛揍「橡皮老闆」有異曲同工之妙。

32 避免耗竭的最好辦法，是及早學會重定方向的祕訣，重定方向意味著事業改變、居處改變或學習一種新的技巧。

33 人生之路，尤其是通向成功的路上，幾乎沒有寬闊的大門，所有的門都是需要彎腰側身才可以進去。

34 許多人因缺少自我控制，不冷靜沉著，情緒因為毫無節制而躁動不安，因不加控制而浮動，因焦慮和懷疑而飽受摧殘。只有冷靜的人，才能夠控制自己的情緒，才是一個高情商的人。

35 退後一步，先向對方認錯，緩解了交往中的緊張氣氛，協調了雙方的情感，因而有了成功的溝通。在此，情商的作用不言而喻。

36 他立下一條規矩，絕不正面反對別人的意見，也不准自己太武斷。他甚至不准許他自己在文字或語言上，使用太肯定的措辭。

37 善用錶的人不會把發條上得太緊，善駕車的人永不把車開得過快，善操琴的人永不會把琴弦繃得過緊，情商高的人總在為自己的心靈鬆綁。

38 給心靈鬆綁，不要像那些海鳥，等到自己筋疲力盡的時候，只能將自己的生命一頭栽進大海。

39 如果你心頭一片黑暗，那麼，什麼樣的蠟燭也無法將其照亮啊！即使我不把蠟燭吹滅，說不定哪陣風也會將其吹滅

啊。只有點亮了心燈一盞，天地自然一片光明。

㊵ 當你感到激勵自己的力量推動你去翱翔時，你是不應該爬行的。

㊶ 思想是個雕刻家，它可以把你塑造成你要做的人。

㊷ 如果你對自己說的是「我要記得帶那本書」，腦海裡就會浮現你記得帶書的畫面，你記住的機率就大得多。

㊸ 從空中樓閣出發，就是抱著極大的夢想出發。心中沒有空中樓閣般的想像，就無法朝目標邁出前進的步伐，也就不能期待成功了。

㊹ 自信表現為一種自我肯定、自我鼓勵、自我強化、堅信自己能成功的情緒素養。沒有自信心，就沒有生活的熱情和趣味，也就沒有探索、拚搏、奮鬥的勇氣和力量。

㊺ 本來，最優秀的人就是你自己，只是你不敢相信自己，才把自己給忽略、給耽誤、給丟失了……其實，每個人都是最優秀的，差別就在於如何認識自己，如何發掘和重用自己……。

㊻ 主宰自己不是口號式的宣言，而是情商正向引領的結果，是在奮進過程中的心理能動力量，是積極的心理自我暗示產生出來的結果。

㊼ 自我認定的轉換很可能是人生中最有趣、最神奇和最自在的經驗，當你換了一種自我認定，撕掉貼在身上的舊標籤，你很可能就此超越了過去。

㊽ 駕馭自己的負面情緒，努力發掘、利用每一種情緒的積極因素，是一個高情商者所需的基本素質，也是一個成功的基本條件。

㊾ 悲觀者面對半杯水說：「我就剩下半杯水了。」樂觀者

說：「我還有半杯水呢！」因此，對高情商的樂觀者來說，外在世界總是充滿光明和希望。

三. 細節篇

①　饑餓意識是一種積極進取的態度，不滿足是獲取饑餓意識的第一步。

②　一個人成功與否不在於有多少優點或者缺點，只要能夠確認位置，必然會有一個可發展的平台。

③　常人的思考方式就像一張網，如果你始終走不出它，你就會被它圍住，找不出化解問題的方法。

④　不要在乎別人對你的評價，否則，反而會成為你的包袱，我從不害怕自己得不到別人的喝采，因為我會記得隨時為自己鼓掌。

⑤　貧窮能激發人們潛伏的力量。沒有如針氈般的貧窮刺激，這般力量也許永遠不會爆發出來。

⑥　很多人之所以會有受挫的感覺，就是因為他們的心靈裝得太滿了。

⑦　一個不受過去困擾的人，就像畫家手中的一張乾淨的紙，更能畫出美妙的圖畫來。

⑧　上帝造人時，為什麼只給了我們一張嘴，卻給了我們兩隻耳朵？那是為了讓我們少說多聽。

⑨　據調查，大約有75%的疾病與壓力過大有關。當你處在壓力之中，免疫系統就會受到抑制，因而就會增加疾病對你身體的侵害。

⑩　如果你因別人的一點過錯就心生怨恨，一直耿耿於懷，甚至想打擊報復，整日沉湎於這樣的瑣事上，那麼你還有精

力發展自己的事業嗎？

⑪ 印度的甘地說得好，倘若我們每個人都把「以眼還眼」作為生活準則，那麼全世界的人恐怕都要變成瞎子。

⑫ 告訴你一個保證失敗的規律：每當你遭受挫折時便放棄努力。再告訴你一個保證成功的訣竅：每當你失敗時，再去嘗試，成功也許就在你的一點點努力之後。

⑬ 大多數人僅僅遭遇了一次失敗，就開始懷疑自己，甚至完全否定自己的能力和價值了。

⑭ 要知道，在這個世界上還有比薪資、麵包更為可貴的事情，那就是盡自己的能力，正直而純粹地做事情。

⑮ 每個人都要懂得，人生的成功不在於你拿了什麼好牌，而在於你怎樣打牌。

⑯ 信用就是你在人生銀行的存款，你必須先存入資金，才有資格和條件使用它。如果你想索取，不想存入，是絕不可能的。

⑰ 請記住蕭伯納的名言：「人生有兩齣悲劇，一是萬念俱灰；二是躊躇滿志。」這兩種悲劇，都會導致勤奮努力的終止。

⑱ 我們都擁有足夠的時間，只是要好好地善加利用。

⑲ 一個有學問的人曾說，偉人有兩個特質，那就是能力和準時，前者又往往是後者所結的果實。

⑳ 生活好像一盤棋賽，坐在你對面的就是「時間」。而時間能抓起來就像金子，抓不住就像流水。

㉑ 一位哲人說過，你手上有一個蘋果，我手上也有一個蘋果，兩個蘋果交換後每個人還是一個蘋果；如果你有一種能力，我也有一種能力，兩種能力交換後就不再是一種能

力了。

㉒ 不斷提升自我，增加個人魅力。素質高而有魅力的人容易得到別人的接納，這也是人之常情。

㉓ 只有在遭遇「晴天霹靂」的情況下，我們才會被迫做出改變。

㉔ 研究表示，第一印象的產生只需4秒，4秒鐘後我們很難再改變，如果我們能在4秒鐘之內贏取別人的信任，那麼，不論事業發展、第一次面試，還是商業交易，都會得到很大的成效。

四. 人性篇

❶ 人最寶貴的是生命，因為生命是有限的。所以，與其浪費時間在一些無聊的事情上面，不如什麼都不做。

❷ 拒絕是一門藝術，除了會回答「是」之外，你還必須學會說「不」，特別是在面對主管的時候，懂得如何拒絕更是非常重要。

❸ 耳朵是一扇大門，真理和謊言都從這裡經過，只不過，謊言正大光明地出入前門，而真理往往從後門溜進來。

❹ 一顆鮮美的橘子如果榨乾了所有的汁液，留下的只有乾癟的苦澀。

❺ 聰明非常重要，但是也絕對不能忘記謹慎，因為一盎司的謹慎等於一磅的聰明才智。

❻ 人活在世界上，無法離開別人，和你在一起的人不是朋友就是敵人，那麼就認識一些朋友吧！

❼ 在某些重要的場合，如果你在很多人面前口若懸河，那麼別人一定會認為你很自負，這時，任何自負的表現都會被

當作愚蠢。

❽ 如果你想要獲得人們的尊敬，你就要表現出你的才能和尊嚴；如果你想要獲得成功，一定要學會關心他人的感受。

❾ 睿智的人不會總記住他人的毛病，也會努力避免自己的錯誤烙刻在那些心胸狹窄的人心中。

❿ 如果大家都瘋狂的時候，你不要獨自一個人堅持清醒，如果不這樣，健全的你會被認為是瘋子。

⓫ 當浩瀚的大海變得不平靜的時候，一定有暴風雨中的驚濤駭浪，這時最明智的做法就是進入避風港，等待風平浪靜後再重新出海。

⓬ 一切好的事情都依賴時機，就像穀物需要四季輪換才能成熟一樣。甚至一個人的美麗也不能長存，每個人都有自己的花季。

⓭ 如果你已經受到了傷害，那麼把你的傷口隱藏起來，否則它會受到更多的傷害。邪惡的力量會集中精力攻擊你最虛弱的部分。

⓮ 了解人心和學習自然知識截然不同，人情是一種獨特的藝術，你要研究人們的性格，辨別不同人的氣質，不僅需要學習，更需要多多經歷、體驗，

⓯ 庸俗的人們都是如此，他們不會注意你千百次的成功，而是緊盯著你犯的一個小錯誤。

⓰ 你應該結交一些重要的朋友，以免到了關鍵的時刻，沒有人出手援助。

⓱ 要把輕鬆的事情當作難辦的事情來做；反之，要把難做的事情當作輕鬆的事情來做，如此你才可以始終保持你的自信和勇氣。

⑱ 儘管很多人會因為他們愚蠢的舉動和想法送命，但是卻從來沒有一個愚蠢的人死去過，因為愚蠢的人根本就沒有真正活過。

⑲ 人生如同戲劇，一幕又一幕，最應該關心的是能否獲得一個圓滿的結局。

⑳ 對待朋友不要刻意過分親密，保持一定的節制和距離最好。有時最好的朋友也有可能變成最壞的敵人。

㉑ 自然之神在分配財產的時候，最醜的女兒也會有豐厚的一份，所以你不要被自己的眼睛蒙蔽。

㉒ 一匹屬於瞎眼睛的主人的馬是不幸的，牠永遠也不會變得光潔漂亮。

㉓ 我們應該向大自然學習，在花朵還沒有發育成熟之前，要緊緊包裹著花蕾。

㉔ 千萬不要和人分享祕密，特別是不要探聽比你地位高的人的祕密。你以為你們是在共同分享一顆梨子，其實你得到的不過是果皮而已。

㉕ 你在表現自己的幽默的時候，一定要注意別人有多大的承受能力。

㉖ 有些人認為，學習知識也要適可而止，但是沒有學問，就如同沒有活過。

㉗ 你想讓一個人完全滿意是非常困難的事，人的欲望沒有盡頭，特別是在他能夠得到滿足的時候，就更是得隴望蜀。

㉘ 禍不單行，千萬不可招惹禍患。而好事卻應該為之，不管它是否微不足道。

㉙ 如果你總是施恩，而你的人情讓人家無法回報，他們就會不再和你來往。

30 當你的朋友變為你的敵人的時候，會給你最慘烈的打擊，因為他熟知你所有的缺點，而在和你作對的時候，他的劣根性也會發揮到極致。

31 有些祕密連最好的朋友都不能吐露，甚至兒子也不能把自己所有的一切告訴父親。

32 在公開表達自己的思想和意見的時候，應特別注意技巧，因為一言不慎就會給你帶來截然不同的後果。

33 流行的事物會獲得無知眾人的欣賞，即使它不是正確的，也會被大家認為正確。所以，向公認的真理挑戰真是自討苦吃。

34 慷慨地給人贈與，絕對不同於自私自利的貪婪的奢求。你的殷勤有時可以維持你和他人的良好關係。

35 如果一個女子的美麗能夠讓人駐足，那麼就可能招引禍患；名聲不佳的孤芳自賞也是如此，甚至會更加糟糕。

36 在舞台下的人一旦上場，就好像人們發現自己心目中的獅子原來是一隻普通的老鼠。

37 「天下沒有白吃的午餐」。對方的聰明往往在於給人以「白吃午餐」的感覺，其實你是在以自己最後的財產做借貸。

五. 狼的精神

1 人們從失敗的教訓中學到的東西，比從成功的經驗中學到的還要多。

2 中國春秋戰國的韓非子曾說過：「不會被一座山壓倒，卻可能被一塊石頭絆倒。」

3 挫折就像一塊石頭，對於弱者來說是絆腳石，對於強者來

說是墊腳石。

❹ 我們需要堅韌，但是堅韌與堅硬不同，堅韌如同荒野中覓食的狼、春風中的野草，堅硬則像花崗岩。

❺ 當大多數人始終在財富的大門外徘徊而無法進入的時候，弄丟了開啟大門鑰匙的人其實就是他自己。

❻ 狼寧可選擇長期等待而換取的勝利，也不願以生命換取短期的近利。

❼ 當你施展自己的才華時，就埋下了危機的種子，所以才華顯露要適可而止。

❽ 學習狼的生存法則就必須自覺行事，自動自發，不然你就得挨餓。

❾ 並不是因為事情難，我們不敢做，而是因為我們不敢做，事情才難的。

❿ 人生的機遇不是等到的，而是靠自己「抓」到的。

⓫ 只有想不到的，沒有做不到的。

⓬ 去做每一件事不見得一定都成功，但不去做每一件事則一定沒有機會得到成功！

⓭ 躺著思想，不如站起來行動！

⓮ 無論你走了多久，走了多累，都千萬不要在成功的門口躺下來休息。

⓯ 夢想不是幻想。

⓰ 有志者事竟成，破釜沉舟，百二秦川終屬楚；苦心人天不負，臥薪嘗膽，三千越甲可吞吳。

⓱ 謀先事則昌，事先謀則亡。

⓲ 有事常如無事時鎮定。

⓳ 世界上失敗次數最多的當數諾貝爾了，但是他卻成為世界

上最偉大的發明家。

⑳ 將相頭上堪走馬，公侯肚內可撐船！

㉑ 千里家書只為牆，再讓三尺又何妨？萬里長城今猶在，不見當年秦始皇。

㉒ 執著追求者並非全是勇敢者，但勇敢者必是執著追求者。

㉓ 有信仰就年輕，疑惑就年老；有自信就年輕，畏懼就年老；有希望就年輕，絕望就年老。歲月使你皮膚皺，但是失去了熱忱，就戕傷了靈魂。

㉔ 生命中最巨大的獎勵並不是來自財富的累積，而是由熱忱帶來的精神上的滿足。

㉕ 事後控制不如事中控制，事中控制不如事前控制，可惜大多數的事業經營者均未能體認到這一點，等到錯誤的決策造成了重大的損失才尋求彌補，有時是亡羊補牢，為時已晚。

㉖ 我們來引用管理大師彼得・德魯克的一句話：效率是「以正確的方式做事」，而效能則是「做正確的事」。

㉗ 學會把目標分解開來，化整為零，變成一個個容易實現的小目標，然後將其各個擊破。是一個實現終極目標的有效方法。

㉘ 規定一個固定的日期，一定要在這個日期之前把你設定的錢賺到手……沒有時間表，你的船永遠不會「泊岸」。

㉙ 世界上的每一個人都需要適當地享受孤獨，太嘈雜的生活會讓人疲憊不堪，太繁瑣的事情會使人精神恍惚。

㉚ 擁有孤獨是一種感受，善待孤獨是一種境界。讓我們在孤獨中思考得失，咀嚼成敗，展望未來！

㉛ 人生真正的樂趣，存在於為事業、為正義堅持不懈的奮鬥

過程中。人生最大的遺憾是什麼？是失敗嗎？不是。人生
最大的遺憾是終其一生而沒有不屈不撓地奮鬥過。

㉜ 我一直等到錢落到離我不遠的角落裡，然後我所要做的事
就是，去撿回來。

㉝ 在成功的道路上，你沒有耐心去等待成功的到來，那麼，
你只好用一生的耐心去面對失敗。

㉞ 耶穌在星期五被釘在十字架上時，是世界最糟糕的一天，
但三天後就是復活節。所以，當我遇到不幸時，就會等待
三天，一切就恢復正常了。

㉟ 意志力是一個人性格特徵中的核心力量。

㊱ 擁有最睿智的頭腦不如擁有果敢的判斷力。

㊲ 領導者的氣勢有多大，就看他紀律有多深。

㊳ 當今企業對現有市場的爭奪已經達到了白熱化程度，但卻
很少有企業去重視潛在市場的培育和拓展，以及怎樣不動
聲色去奪取現有市場。

㊴ 我們的目標應該是相當適度的，我們只是在別人貪婪的時
候恐懼，而在別人恐懼的時候貪婪。

㊵ 「換一個思維想問題」，也許就能在經濟投資中柳暗花
明，另闢蹊徑。這就是經濟學上所謂的「搭便車」現象，
即自己不費成本，便可分享他人的創業利潤。

㊶ 合作可以產生一加一大於二的倍增效果。據統計，諾貝爾
獲獎專案中，因合作獲獎的佔三分之二以上。在諾貝爾獎
設立的前25年，合作獎佔41%，而現在則躍居80%。

㊷ 學習狼的團隊精神就要培育狼性團隊的榮譽感。

㊸ 成績可以創造榮譽，榮譽可以讓你獲得更大的成績。

㊹ 企業內沒有溝通，就沒有成功，也就沒有企業的發展，所

有的人也就會沒有在這個企業中工作的機會。

㊺ 員工中80%的抱怨是由小事引起的。

㊻ 另外20%的抱怨往往是因為公司的管理出了問題。

㊼ 日本現在出現問題的原因主要是過度的管理，影響了速度和效率。

㊽ 為什麼美國經濟能夠持續成長，最重要的因素也就是注重企業的創新精神和保持活力，充分發揮每一個員工的潛能。

㊾ 成功的法則其實很簡單，而成功者之所以稀有，是因大多數人認為這些法則太簡單了，沒有堅持，不屑於去做。

㊿ 冷靜創造商機，讓我們更加專注。

(51) 欲多則心散，心散則志衰，志衰則思不達。

(52) 頑強的毅力可以征服世界上任何一座高峰

六. 智慧定律

❶ 完善是終結，終結是滅亡。

❷ 幾乎所有爭論性的事件交由所謂代表民意的代表來決定時，產生決定性作用的是「騎牆派」人物的選票。

❸ 植物學家的任務不是袪除雜草，他只要能夠告訴我們，野草生長得有多麼快，就萬事大吉。

❹ 自從階級社會產生以來，人的惡劣的情欲、貪欲和權力欲就成為歷史發展的槓桿。

❺ 最需要注意的是，不要將「用人權」放在一個被招聘者的直接上司手裡。

❻ 一個人一分鐘可以挖一個洞，六十個人一秒鐘挖不了一個洞。

⑦ 社會學家認為責任不清是華盛頓定律產生的最主要原因。

⑧ 要知道自己能力的極限，玩不起，只能躲得起了。

⑨ 正如癌細胞不怕好肉，好肉懼怕癌細胞一樣，小人效應對人們的精神構成了極大的毒害。說真話最困難，說假話很容易。

⑩ 一個木桶盛水的多少，並不取決於桶壁上最高的那塊木塊，而恰恰取決於桶壁上最短的那塊木板。人們把這一規律總結為「木桶定律」或「木桶理論」。

⑪ 一根鏈條跟它最薄弱的環節有著相同的強度，鏈條越長，就越薄弱。

⑫ 木桶定律還提示我們，要想戰勝對手，首先必須要抓住對手的弱點。人們常說的打蛇打七寸，用的正是這個道理。

⑬ 一個企業要想成為一個結實耐用的木桶，有一個方面是絕不容忽視的，那就是加強對每一個員工的教育和培訓。

⑭ 用最通俗的方法來解釋，規模經濟無非就是人的集合、資源的集合、資金的集合，然後產生最大規模的經濟效益。對於這幾個集合來說，有效地組織才是一個最核心的問題。

⑮ 首先應明確團隊的概念：團隊是由具有互補技能組成的、為達成共同目標、願意在認同的規範下工作的團體。

⑯ 精力、金錢和時間，應該用於使一個優秀的人變成一個卓越的明星，而不是用於使無能的做事者變成普通的做事者。

⑰ 人類不像毛毛蟲，卻比較像木偶。木偶的外形酷似人類，其行動則完全受外力控制。

⑱ 如果20%的人口擁有80%的財富，那麼就可以預測，10%

的人將擁有約65%的財富，而50%的財富，是由5%的人所擁有。

⑲ 經營者要善於發現那些能帶來高額利潤的20%核心商品，把精力集中在這些商品上。

⑳ 問題的關鍵在於20%的瑕疵導致了80%的品質問題。

㉑ 如果彌補了具有決定性的20%的品質管理缺失，你就可以得到80%的收益。

㉒ 如果不了解公司在什麼地方賺錢，在什麼地方虧損，腦袋裡是一筆糊塗帳，也就無從談起80／20法則的運用，而那些瑣碎、無用的事情將繼續佔據你的時間和精力。

㉓ 人力資本不像管理成本和行銷成本，是看不見、摸不著的，這就需要管理者有「伯樂」般的眼睛，找出那些真正能為公司出謀獻策的人。

㉔ 在你小的時候，你種下一棵樹的種子，它就會跟你一樣逐漸成長。其實，在理財方面也是如此。

㉕ 時間革命是一種能讓人們在最短時間內獲得最高的生活效率與最好的生活品質的方法。

㉖ 只要你努力去發現能夠給你帶來最大快樂和成就的20%時間，你就一定能夠獲得一個快樂而成功的人生。

㉗ 看一個人的人際關係，就知道他是怎樣的人，以及將會有何作為。大多數人的成功，都源於良好的人際關係。

㉘ 找出給你最大幫助的人，將時間放在重要的人際關係上，並且珍惜你關鍵的盟友，這是80／20法則給你的珍貴建議。

㉙ 如果壞事情有可能發生，不管這種可能性多麼小，它總會發生，並引起最大可能的損失。

㉚ 上帝高深莫測，但祂並無惡意。

㉛ 我們主要是從嘗試和失敗中學習，而不是從正確中學。

㉜ 可以犯錯，但是要快點犯完錯誤。

㉝ 成功之路就是使失敗率加倍。

㉞ 當我們不再反抗那些不可避免的事實之後，我們就能節省下精力，去創造一個更加豐富的生活。

㉟ 人生並沒有絕對的「禍」，也沒有絕對的「福」。開始認為不幸的事情，實際上可能變成幸運事情的前兆。禍福都是人生中常有的事，因此不要害怕降臨在自己身上的麻煩和意外。

㊱ 沒有哪一個企業能夠完全避免危機的發生，因為不斷變化的外部力量才是危機產生的主要原因。

㊲ 我是不是願意把時間、精力、資源都花在一件夢想的事情上，甚至願意為它放棄生命呢？

㊳ 如果每個人都能「選擇你所愛的，愛你所選擇的」，那麼無論成敗都可以心安理得。

㊴ 諸如懶散的習慣、看連續劇的習慣、喝酒的習慣以及其他各種各樣的習慣，有時要束縛、控制我們大量的時間，而這些無聊的習慣佔用的時間越多，留給我們自己可利用的時間就越少。「所謂煩惱易斷，習氣難改」，習慣就像寄生在我們身上的病毒，慢慢吞噬著我們的精力與生命。

㊵ 人類行為的百分之九十五是透過習慣做出的。

㊶ 首先，我們培養習慣；後來，習慣塑造我們。

㊷ 播種行為，收穫習慣；播種習慣，收穫性格；播種性格，收穫命運。

㊸ 一種好習慣可以成就人的一生，一種壞習慣可以葬送人的

一生。

㊹ 成功者與失敗者之間唯一的差別，就在於他們擁有不一樣的習慣。

㊺ 為什麼很多成功人士敢揚言即使現在一敗塗地也能很快地東山再起？也許就是因為習慣的力量；他們養成的某種習慣鍛造了他們的性格，而性格鑄就了他們的成功。

㊻ 很多好的觀念、原則，我們「知道」是一回事，但知道了是否能「做到」是另一回事。這中間必須架起一座橋，這橋便是習慣。

㊼ 許多人犧牲了自己的本質，去做那些自己不願意做的事情，這就是他們不能成功的真正原因。

㊽ 每個人都有自己的特長和天賦，從事與自己特長相關的工作，就能很輕易地取得成功，否則，多少會埋沒自己。

七. 命運篇

❶ 一位EQ很高的智者也是這樣工作的。你可以了解任何人的內心組合……可以像鎖匠那樣考慮、思索，從而探索出別人的內心結構。

❷ 人的內心情感如同浮在水面上的冰山，只佔總體積的10％，人情緒的90％是肉眼看不到的。

❸ 從此，也有人喜歡說：「這些只是我個人的想法而已」，或者說「真是一言難盡」。其實，喜歡說此類話的人，跟上述的人懷有同樣的意思，許多情緒不穩定的神經質的人，就很喜歡套用這一類的限定句子。

❹ 人際關係成功的人，一般都是善於揣摩他人心理的人。

❺ 人的心理常常被比喻為演戲的舞台，倘若把照明燈照到的

傑出。

㉒ 莎士比亞讓我們記住，不管財產有多珍貴，都不如家庭的和諧珍貴。

㉓ 對莎士比亞來說，音樂和藝術是人類精神最純潔和最高貴的表現，時常用音樂來放鬆自己和提升自己，不失為一種好的生活方式。

㉔ 他建議我們拋開一天的煩惱，在睡眠中治療我們心靈的創傷，並使我們的體力得以恢復。

㉕ 愛是經常關心另一個人；情欲則只關心自己。別把愛情視為是理所當然的，去歡笑吧！

㉖ 參與、諒解與耐心是防止孩子出現悲劇性結局的良方。

㉗ 莎士比亞完全贊成用旅行來充實自己，但他對於崇洋媚外的人無法苟同。

九. 話說篇

❶ 說話要分場合、要有分寸，最關鍵的是要得體。不卑不亢的說話態度，優雅的肢體語言，活潑俏皮的幽默，這些都屬於語言的藝術。

❷ 不言而喻，商戰中財物實力的保密是關係企業生存、發展的因素之一。

❸ 員工和老闆在打交道時，不談論老闆及配偶的身體相貌，往往是明智之舉。

❹ 靜能常思自己過，閒談莫論他人非。

❺ 要「小性子」可以說是女孩子的天性，戀愛中的女孩子更是如此。

❻ 要創造家庭和美、夫妻和睦，當著家裡其他人和在外面人

面前，丈夫與妻子都要多講對方的長處、優點，對於對方的地位、價值充分肯定，這樣的婚姻是不會失敗的。

❼ 婆媳關係能夠處好的家庭很少。但不管女人和婆婆的關係如何，盡量不要在丈夫面前攻擊婆婆。一般一個男人聽了女人攻擊自己母親的話，就會感到壓力，這種壓力會大量削減對妳的愛，而且妳根本看不出來。

❽ 有時候女人要學學柴契爾夫人，在外是個鐵娘子，回家要當個好妻子。

❾ 配偶是自己的另一半不假，但不是自己的私有財產，不要管得太嚴，要求太苛刻，更不可捕風捉影，胡亂猜忌。

❿ 挑剔不是對方的高要求、高標準，而是一種嫌惡和蔑視。想要丟掉挑剔，關鍵要學會欣賞對方，善於接納對方的不足和缺點，多看對方的長處和優點。

⓫ 有句話說：只有尊重別人，才能得到尊重。你必須尊重對方，多看對方的長處，多肯定對方，誇讚對方的優點，這才會贏得對方的尊重和愛戴。

⓬ 佛家講：「十年修得同船渡，百年修得共枕眠」，茫茫眾生之中，兩個人能在一起實在是不容易，這份情，這份愛要好好珍惜，備加呵護。

⓭ 家庭關係顧問麥克爾‧波普金說：「一般人都認為白紙黑字更加可信，而且可以一看再看。」「把話定下來，話的份量也會增加。」

⓮ 其實孩子不需要賄賂，不需要用交換的方式使自己變成一個好孩子。從本性上講他們自己是要做好孩子的，孩子的好行為產生於他們自己的意願。

⓯ 不要輕易的把你對薪水的要求講出來。

⑯ 自我介紹時，態度要平和，要清晰地報出自己的姓名，並用微笑來表達自己的友好。同時還要掌握好分寸，不要有意抬高或貶低自己，這會讓人產生反感，而不願與你往來。

⑰ 其實，掌握了自我介紹的藝術，你就打開了與人交往的大門，完美的精采、獨具特色的自我介紹。能在他人的腦海中留下深刻強烈的烙印。

⑱ 一個話題不要談得太久，話題像房間一樣，需要經常通風。

⑲ 愛講負面話的人，有時是過於理想化，用自己理想化的模式，去套生活中的現實，結果常常事與願違。

⑳ 實驗證明，說話時應當每隔三十秒鐘停頓一次。一是加深印象，二是給對方機會提出的問題做出回答或加以評論。

㉑ 不要問你們的國家能為你們做些什麼，而要問你們能為自己的國家做些什麼；不要問美國能為你們做些什麼，而是要問我們能為人類的自由做些什麼。

十. 快樂篇

❶ 在我內心深處，一直隱藏著眼盲的恐懼。為了克服這種念頭，我選擇了歡樂，近乎嬉鬧的生活態度。

❷ 喜歡竟然是成功的階梯和內在動力。

❸ 你可以把一匹馬領到河邊，卻不能讓牠喝水。

❹ 有天賦的人很多，而成功與否的關鍵則看你對從事的事業的熱愛與勤奮。

❺ 有句話叫作沒有皺紋的祖母最可怕，沒有遺憾的過去無法連結人生。

⑥ 不要這樣，你一定要享用它們，這種雪茄如人生一樣，都是不能保存的，你要盡量享受它們。沒有愛就不會享受人生，就沒有快樂。

⑦ 畢卡索說的好：「人生應有兩個目標：第一是得到所想要的東西，盡力去爭取；第二是享受它，享受擁有它的每一分鐘。而常人總是朝著第一目標邁進，而從來不爭取第二目標，因為他們根本不懂得享受。」

⑧ 世界上什麼人最快樂？只有高度智慧不足者最快樂，因為他們單純地不明白什麼叫快樂，但是在座的各位沒有這種單純快樂的能力，所以唯一的方法，就是讓自己聰明一點，懂得找尋人生的快樂！

⑨ 一句西方諺語說得非常正確：「並非偉人在做事，而是做事讓人變得偉大。」

⑩ 如果總是盯著事物的負面，等於將陽光關在心靈的窗外。

⑪ 美國未來學家尼葛洛龐帝說：「預見未來的最好辦法就是創造未來。」

⑫ 那些無法致人於死的事，只會讓人更堅強。

⑬ 常聽到的激勵話是：「要成功，一定要從改變自己開始！」

十一. 藉口篇

❶ 佛洛斯特寫過一首詩，大意是：在林間有兩條道路，無論你選擇哪一條，你都失去了另一條。

❷ 人的一生是短暫而變化莫測的，當科學不能解除人們極大的痛苦的時候，剝奪他們藉由信仰獲得的安慰就顯得有些殘忍。

主宰。

④ 什麼是因果關係的限制？簡單地說，就是我們無法完全把握命運，無法完全把握世界。這似乎有點叫人遺憾，但這其實並不是壞事。假如我們真的生活在一個一切都按部就班的世界裡，不但是很辛苦的，而且是很乏味的。

⑤ 在傳統和現代社會中贈送禮物可能是交換過程的一部份，它的動機更多的是使受惠者承擔某種義務而不是改善受惠者的福利。

⑥ 科學理論家是不應受到嫉妒的，因為大自然……從不對一種理論說「是」……很可能每一種理論某一天都將有被說「不」的遭遇……多數理論在被提出不久就會經歷這樣的遭遇。

⑦ 我懷疑，宇宙不但比我們所想像的更為奇怪，而且，比我們可能想像的更為奇怪。

⑧ 我們不是因一貫正確而獲得權威，而是因獲得了權威而一貫正確。

⑨ 在無往不利地運用技術手段時，最好不要忘了愛因斯坦的忠告：「手段的完善和目的的混淆似乎是我們時代的特點。」

⑩ 尼采曾說過：「乞丐也知道用石頭砸門是不禮貌的，但沒有人因此稱讚他的禮貌。」

⑪ 現在，讓我們來關注更重要的生命。其實，最為我們厭惡的，似乎也最不合理的事是這樣一個事實：我們都有一死。我們該不該尋找一種技術，使我們能永久地活下去？

⑫ 有這樣一句話：「一個傻瓜提出的問題，十個聰明人也回答不了。」

⓭ 高尚的企鵝也有不高尚的一面。企鵝以海裡的魚蝦為食，可是海裡的鯨、海豹之類又以企鵝為食，所以每次下海覓食，企鵝都要冒一點風險。於是企鵝們就聚集在海邊，都只希望別人先下去，甚至還相互往海裡推。危難中的人也是如此，高尚往往只是展現在一個圈子或群體中，而在陌生者中，更多的是殘酷。

⓮ 維護良好社會秩序的核心角色是法律，而不是道德原則。離開了法律對人們行為的規範，道德原則什麼也不是。

⓯ 正確的心態也許是：謀事在人，成事在天。盡到自己的責任就可以了，不要太把虛幻的運氣當回事。你可以期望運氣，但不能依靠運氣。

⓰ 如果某種行為，只可能帶來孤立的、不可靠的收益，那麼它就不是一條可走的路。

⓱ 誰錯了？誰都沒錯，人生是沒有答案的，無論你是希望滿足欲望還是希望追求完善，都有充分的理由。問題是：平時都做什麼去了？

⓲ 假如你沒有意識到生活中某件事對另一件事的影響，採取行動也不考慮未來，一再地重蹈覆轍做未經熟慮的決定。很快地，你就得解決那個超乎自己能力所及的決定所帶來的問題。

⓳ 有一份研究報告稱：商家得罪一名顧客的代價不僅僅是失去了一個客戶，而至少是六至八個。同樣，在人際關係方面，你得罪的也不僅是一個人，而是一大批。

⓴ 學會為明天打算……如果你還打算活到明天的話。

健康養生小百科好書推薦

彩色圖解版

圖解特效養生36大穴
NT：300（附DVD）

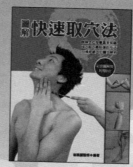

圖解快速取穴法
NT：300（附DVD）

圖解對症手足頭耳按摩
NT：300（附DVD）

圖解刮痧拔罐艾灸養生療法
NT：300（附DVD）

一味中藥補養全家
NT：280

本草綱目食物養生圖鑑
NT：300

選對中藥養好身
NT：300

餐桌上的抗癌食品
NT：280

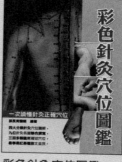

彩色針灸穴位圖鑑
NT：280

國家圖書館出版品預行編目資料

陌生開發心理戰 / 葛京寧作. -- 初版. -- 新北
市：華志文化, 2012.07
　　面；　公分. --（心理勵志小百科；9）

ISBN 978-986-88258-8-8（平裝）

1. 保險行銷　2. 行銷心理學

563.7　　　　　　　　　　　　　101010215

Ｈ 華志文化事業有限公司

系列／心理勵志小百科 ０ ０ 9

書名／陌生開發心理戰

作　　者　葛京寧

執行編輯　林雅婷

美術編輯　黃美惠

文字校對　陳麗鳳

企劃執行　康敏才

總　　編　黃志中

社　　長　楊凱翔

出版者　華志文化事業有限公司

電子信箱　huachihbook@yahoo.com.tw

地　　址　116台北市文山區興隆路四段九十六巷三弄六號四樓

電　　話　02-22341779

總經銷商　旭昇圖書有限公司

地　　址　235新北市中和區中山路二段三五二號二樓

電　　話　02-22451480

傳　　真　02-22451479

郵政劃撥　戶名：旭昇圖書有限公司（帳號：12935041）

售　　價　二七〇元

出版日期　西元二〇一二年七月初版第一刷
　　　　　西元二〇一五年四月初版第二刷

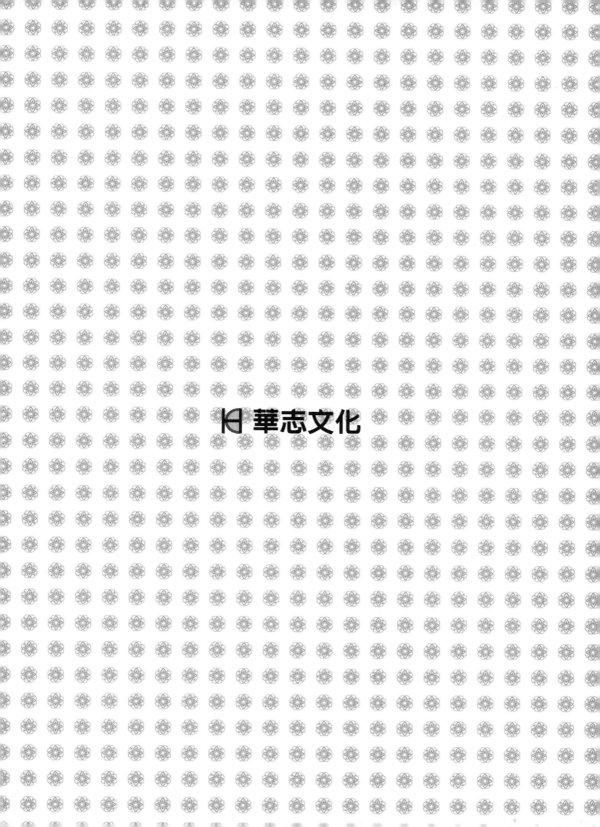

華志文化

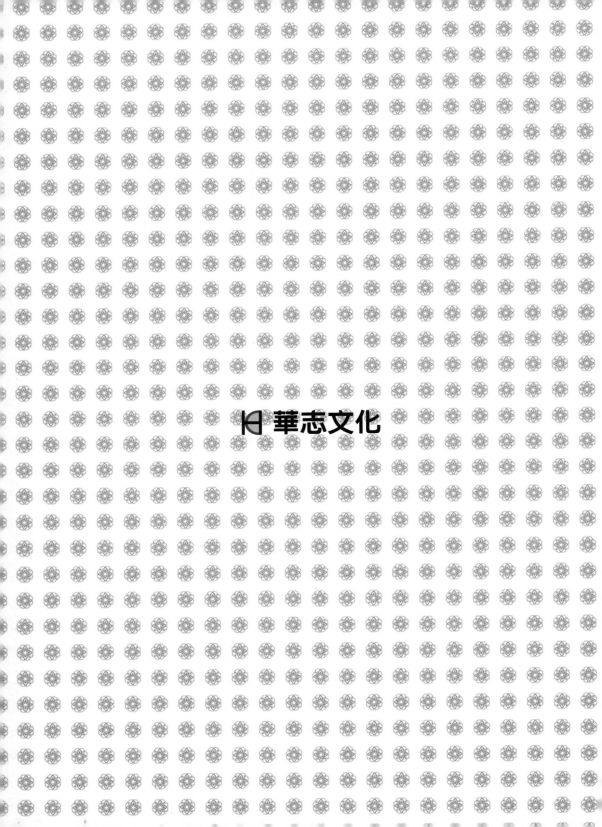

華志文化